QUE SAIS

Histoire du Canada

PAUL-ANDRÉ LINTEAU
Professeur d'histoire à l'Université du Québec à Montréal

Troisième édition mise à jour

11ᵉ mille

DU MÊME AUTEUR

Le retard du Québec et l'infériorité économique des Canadiens français (avec R. Durocher), Trois-Rivières, Boréal, 1971.

Histoire du Québec contemporain, 1. De la Confédération à la crise (1867-1929) (avec R. Durocher et J.-C. Robert), Montréal, Boréal, 1979.

Maisonneuve ou comment des promoteurs fabriquent une ville (1883-1918), Montréal, Boréal, 1981.

Nouvelle histoire du Québec et du Canada (avec L. Charpentier, C. Laville et R. Durocher), Montréal, CEC, 1985.

Histoire du Québec contemporain, 2. Le Québec depuis 1930 (avec R. Durocher, J.-C. Robert et F. Ricard), Montréal, Boréal, 1986.

Histoire de Montréal depuis la Confédération, Montréal, Boréal, 1992.

Clés pour l'histoire de Montréal. Bibliographie (avec J. Burgess, L. Dechêne et J.-C. Robert), Montréal, Boréal, 1992.

Brève histoire de Montréal, Montréal, Boréal, 1992.

Barcelona-Montréal. Desarollo urbano comparado / Développement urbain comparé (avec Horacio Capel), Barcelone, Publications de la Universitat de Barcelona, 1998.

Vers la construction d'une citoyenneté canadienne (avec J.-M. Lacroix), Paris, Presses de la Sorbonne Nouvelle, 2006.

Vivre en ville. Bruxelles et Montréal (XIXᵉ-XXᵉ siècles) (avec S. Jaumain), Bruxelles, P. I. E. Peter Lang, 2006.

ISBN 978-2-13-055950-4

Dépôt légal — 1re édition : 1994
3e édition mise à jour : 2007, mai

© Presses Universitaires de France, 1994
6, avenue Reille, 75014 Paris

Chapitre I

LES PREMIERS HABITANTS
DU CANADA

S'étendant de l'Atlantique au Pacifique sur une distance de 5 514 km, le Canada est, en superficie
(9 975 139 km²), le deuxième plus grand pays du
monde. Sa partie septentrionale est située dans le
cercle polaire arctique, tandis que ses zones méridio-
nales ont un climat tempéré. Quelques traits de sa
géographie doivent être signalés, car ils ont orienté
l'occupation du territoire. À l'est, l'axe du Saint-
Laurent et des Grands Lacs est l'épine dorsale d'un
bassin hydrographique très étendu et il a représenté la
voie royale de la pénétration du continent nord-
américain. Au nord, le Bouclier canadien forme une
portion imposante du pays et encercle la baie
d'Hudson ; à la forêt boréale qui couvre sa partie mé-
ridionale succèdent la toundra puis les glaces. Au sud
du Saint-Laurent, la chaîne des Appalaches se pro-
longe en territoire canadien, tandis qu'au sud-est se
trouvent les plateaux et les plaines maritimes de la
façade de l'Atlantique. À l'ouest des Grands Lacs
s'étendent les vastes plaines centrales, en partie cou-
vertes de forêts ; plus au nord, le bassin du Mackenzie
mène à l'océan Arctique parsemé de nombreuses îles,
certaines de très grandes dimensions. Les plaines sont
bornées par les Rocheuses. Vient ensuite la côte du
Pacifique, où débouchent plusieurs fleuves.

I. – Les populations autochtones

Au moment où les Européens commencent à explorer le littoral septentrional de l'Amérique, le territoire canadien est habité par environ 300 000 autochtones. Ceux-ci sont répartis en plus d'une centaine de nations différentes, rattachées à l'une ou l'autre des douze grandes familles linguistiques. Leur culture et leur mode de vie diffèrent de façon notable et reflètent l'environnement dans lequel ils sont établis. Aucun de ces groupes ne connaît l'usage du fer, leurs principaux matériaux étant la pierre, le bois, la poterie, ainsi que la peau et les os des animaux. Ils entretiennent toutefois des relations de troc, grâce auxquelles les produits d'une région peuvent circuler un peu partout en Amérique du Nord. La coexistence de groupes aussi variés, désirant chacun s'assurer un espace vital ou contrôler une voie de passage importante, suscite des conflits territoriaux qui mènent parfois à la guerre et entraînent des déplacements de population, de sorte que la répartition géographique des diverses nations évolue au fil des siècles.

Le degré de cohésion sociale varie selon les groupes, certains étant très égalitaires, d'autres plus hiérarchisés. De façon générale règne cependant un sens poussé du partage et de la responsabilité envers ceux qui ont été frappés par le malheur. Dans plusieurs cas, la liberté individuelle, notamment en matière sexuelle, est assez large. La religion tient une grande place dans la vie des Amérindiens. Elle s'exprime dans la croyance aux esprits, présents dans les humains, dans les animaux et dans la nature, et dont les messages sont transmis par des songes ; on cherche à se les concilier par des offrandes et des sacrifices, et par le respect de certains rituels. Les Amérindiens croient généralement en l'existence d'une vie après la mort. En l'absence d'écriture, la tradition orale assure la conservation de la mémoire collective. Toute la culture des Amérindiens est profondément marquée par le rapport à la nature, dont les différentes caractéristiques déterminent le mode de vie particulier de chacun des groupes qui habitent le territoire actuel du Canada. Ces groupes, quels sont-ils au XVIe siècle, au moment du contact avec les Européens ?

1. **Les groupes de l'Est.** – Dans l'Est, ceux qui occupent la plus grande partie du territoire appartiennent à la famille linguistique algonquienne, parmi laquelle les principales nations sont les Micmacs et les Malécites, sur la façade atlantique, les Montagnais et les Algonquiens au nord du Saint-Laurent, les Cris, installés encore plus loin au nord, jusqu'à la baie James, puis les Ojibwés, les Népissingues et les Outaouais, qui vivent sur la rive septentrionale des Grands Lacs. La pêche et la chasse fournissent la base de leur alimentation (complétée par la cueillette de baies sauvages) et conditionnent leur occupation de l'espace, à proximité des cours d'eau et des zones giboyeuses. Vivant en petits groupes familiaux tout au long de l'hiver, puis se réunissant en bandes plus considérables l'été venu, ils se déplacent au gré des saisons à l'intérieur d'un territoire délimité. Leurs effectifs sont en général assez faibles et dispersés dans l'ensemble de la forêt boréale. Leurs moyens de transport, le canot d'écorce en été, la raquette et le toboggan en hiver témoignent de leur adaptation à l'environnement et au climat.

Fort différents et beaucoup plus nombreux sont les Amérindiens qui appartiennent à la famille linguistique iroquoienne, tels les Hurons, les Iroquois regroupés dans la Ligue des Cinq-Nations, les Neutres, les Pétuns, les Ériés et un groupe disparu à la fin du XVIe siècle que l'on appelle Iroquoiens du Saint-Laurent. Ils sont surtout concentrés autour du lac Ontario et à la bordure orientale des lacs Érié et Huron, et occupent un certain temps une partie de la vallée du Saint-Laurent. Habitant les zones les plus fertiles, ils pratiquent l'agriculture. Leur production de maïs, courges et haricots forme la base d'une alimentation, complétée par les produits de la chasse et de la pêche, qui permet de soutenir des effectifs plus considérables et qui fournit des surplus échangés avec des chasseurs algonquiens contre de la viande et des fourrures utilisées pour les vêtements d'hiver. La culture du sol est l'affaire des femmes, tandis que les hommes s'occupent de la chasse, de la pêche, du commerce et de la guerre. L'habitat des Iroquoiens diffère aussi nettement de celui de leurs voisins du Nord : ils se regroupent à proximité de leurs champs, dans des villages entourés de solides palissades, dont la population peut atteindre jusqu'à 1 500 personnes. Ils y vivent dans de longues maisons de bois recouvertes d'écorce qui abritent chacune quelques familles apparentées selon un principe matrilinéaire. L'organisation sociale y est plus structurée que dans les campements algonquiens. Les familles se réclamant d'un même ancêtre forment un clan sous la direction d'un chef. Le conseil du village est constitué de tous les chefs de clan et de quelques anciens. La structure clanique favorise l'organisation efficace des expéditions guerrières. Les villages d'une même nation se regroupent en confédérations, un type d'alliance utile en cas de conflit.

Les nations algonquiennes et iroquoiennes seront les plus touchées par le contact initial avec les Européens. On peut aussi mentionner les Béothuks de Terre-Neuve, un groupe peu nombreux et mal connu dont le mode de vie s'apparente à celui des Algonquiens. Pourchassés par les pêcheurs étrangers, ils se réfugient à l'intérieur de l'île ; leur dernier survivant est décédé en 1829. Les Européens ont aussi rencontré, sur la côte du Labrador, les Inuits, pendant longtemps appelés Esquimaux. Ceux-ci appartiennent à une quatrième famille linguistique et culturelle dont les membres occupent tout le nord du Canada, au-delà de la limite des arbres. Ils se sont adaptés avec beaucoup d'ingéniosité à un environnement particulièrement difficile, caractérisé notamment par des hivers longs et rigoureux. La faune nordique leur fournit à la fois la nourriture, les peaux dont ils font des vêtements et des embarcations, l'huile avec laquelle ils s'éclairent et les os dont ils tirent leurs armes et de nombreux outils. Chassant les mammifères marins, le caribou, l'ours polaire et d'autres animaux, ils pratiquent aussi des pêches abondantes. Pour se déplacer, ils ont mis au point le kayak et utilisent en hiver le traîneau à chiens ; pour se loger, ils ont inventé l'igloo. Chaque maison abrite une famille nucléaire et les Inuits tendent à se grouper en bandes de quelques familles pour mener à bien leurs activités qui les forcent à se déplacer au gré des saisons.

2. **Les groupes de l'Ouest.** – À l'ouest des Grands Lacs, les Amérindiens des plaines ont eux aussi un tout autre mode de vie. Les principales nations y sont les Pieds-Noirs, de langue algonquienne, et les Assiniboines, apparentés aux Sioux américains ; se joindront

à eux des Cris et des Ojibwés venus de l'est qui s'adapteront aux conditions particulières de la région. Les habitants des plaines vivent principalement de la chasse au bison dont les troupeaux comptent alors plusieurs dizaines de millions de têtes ; on les tue en les précipitant du haut de falaises ou en les enfermant dans des enclos. La viande est séchée pour en permettre la conservation ; broyée et mélangée à la graisse de l'animal, elle donne le pemmican, une riche nourriture pour la saison hivernale qu'adopteront plus tard les employés des postes de traite. La peau du bison sert à couvrir le *tipi,* la tente des plaines, et ses cornes deviennent des ustensiles. Dans leurs migrations saisonnières, les Amérindiens des plaines ont recours au *travois,* attelé à un chien, pour tirer les charges. Ils sont organisés en bandes d'une cinquantaine de personnes, sous la conduite d'un chef ; chaque été les bandes d'une même tribu se réunissent pendant quelques jours pour festoyer. La chasse au bison exige une organisation efficace, mise aussi à profit lors des expéditions guerrières, ce qui donne aux chefs une autorité plus grande que chez d'autres peuples. Le cheval, introduit au Mexique par les Espagnols, se répandra graduellement vers le nord et atteindra les plaines canadiennes vers 1730 ; les Amérindiens de la région apprendront rapidement à le maîtriser pour en faire à la fois une bête de somme et une monture de chasse qui facilitera la poursuite du bison. Au nord des plaines, principalement dans le bassin du Mackenzie, vivent des tribus de langue athapascane, que l'on désigne aujourd'hui sous le nom de Dénés. Leur mode de vie s'apparente à celui des Cris de l'Est et se caractérise par des migrations saisonnières pour les expéditions de pêche et de chasse au caribou. Peu nombreux, ils forment de petites bandes dispersées sur un vaste territoire aux conditions climatiques particulièrement rigoureuses.

Les Amérindiens de la côte du Pacifique sont séparés des autres par la puissante barrière des Rocheuses et vivent dans un monde différent, au climat plus doux que dans le reste du Canada. La mer, les fleuves et la forêt couverte d'arbres gigantesques leur fournissent des ressources abondantes. La population y est nombreuse et se répartit en groupes nettement distincts, parlant 19 langues rattachées à 5 familles linguistiques. Parmi les principales nations, mentionnons les Haïdas, les Tlingits, les Tsimshians et les Salishs. L'alimentation repose surtout sur le saumon du Pacifique, particulièrement abondant dans les fleuves. Les habitants de la région tirent aussi profit de la cueillette de coquillages, de la récolte de baies sauvages, de la chasse aux mammifères marins et aux animaux à fourrure. Comme la répartition de ces ressources varie du nord au sud et de la côte à l'intérieur, il se développe un intense commerce entre les clans et les tribus. Les habitants de cette région sont aussi des menuisiers réputés, creusant les troncs des cèdres pour y façonner de longues embarcations, les sculptant pour obtenir des totems très ornés, les découpant en planches pour construire de solides maisons, et tressant leur écorce pour en faire des paniers et divers autres objets. Sédentaires et vivant en clans familiaux sous la direction de chefs héréditaires, ils ont, plus que les autres Amérindiens du Canada, le sens de la propriété et de l'accumulation de la richesse et protègent jalousement leurs territoires. Leur structure sociale est plus rigide et hiérarchique qu'ailleurs et ils possèdent des esclaves. À l'intérieur de la Colombie-Britannique actuelle se manifeste la culture du Plateau qui s'apparente en partie à celle de la côte et en partie à celle des plaines. On y trouve différentes nations, notamment les Kootenays. Ces Amérindiens dépendent eux aussi de la pêche au saumon, mais doivent compter en plus forte proportion sur la chasse. Ils s'abritent dans des cabanes, souvent en partie souterraines, et utilisent parfois le *tipi* l'été. Leurs bandes sont plus nomades et plus égalitaires que celles de la côte.

II. – L'arrivée des Européens

Des légendes évoquent la venue en Amérique de moines irlandais au début du Moyen Âge, mais leur véracité n'a jamais pu être vérifiée. Plus certaine est la présence des Vikings qui, à partir du Groenland, ont exploré la côte du Labrador vers l'an mil et même établi un poste éphémère à Terre-Neuve. Il faut toutefois attendre cinq siècles pour voir la côte canadienne de l'Atlantique fréquentée à nouveau par les Européens. Les grandes découvertes suscitent une poussée d'exploration à laquelle participent plusieurs pays. Dès 1497, Jean Cabot, un Italien au service de l'Angleterre, aborde à Terre-Neuve. Les Portugais Corte Real (1500, 1501), Fagundes (1520, 1521) et Gomez (1524-1525), ce dernier pour le compte de l'Espagne, et l'Italien Verrazano (1524), au service de la France, explorent tour à tour la façade atlantique du Canada.

Plus importantes encore pour la connaissance du pays sont les expéditions de Jacques Cartier, un navigateur de Saint-Malo. Avec l'appui de François Ier, désireux de trouver un passage vers l'Asie, il effectue en 1534 un premier voyage d'exploration, parcourant le golfe Saint-Laurent et s'arrêtant dans la baie de Gaspé où il prend officiellement possession du pays au nom du roi de France. En 1535, il entreprend un second périple, plus loin à l'intérieur du continent. Il remonte le Saint-Laurent jusqu'au village iroquoien de Stadaconé (Québec) près duquel il passe l'hiver avec ses hommes. Il se rend Hochelaga (Montréal), où il visite un important village iroquoien. De retour en France en 1536, il revient au Canada en 1541 avec une expédition plus importante, commandée cette fois par La Rocque de Roberval, dont l'objectif est d'établir une colonie et de découvrir si la voie du Saint-Laurent peut mener à l'Asie. Parti avant son chef, Cartier hiverne à Québec et, ayant découvert des minéraux qu'il croit être de l'or et des diamants, il rentre en France en toute hâte dès 1542, tandis que Roberval s'installe dans le fort abandonné par son lieutenant. Mais, après un hiver éprouvant, lui aussi retourne dans la métropole. La tentative d'implanter une colonie française est donc un échec. On n'a pas découvert la route de l'Orient, et les minéraux de Cartier se révèlent être du quartz et de la pyrite de fer. La couronne française se désintéresse alors du Canada. Les expéditions de Cartier ont néanmoins permis de faire progresser les connaissances sur la géographie du pays et de les diffuser grâce à la publication de ses récits de voyage. Le navigateur malouin a aussi livré de précieuses informations sur les Iroquoiens du Saint-Laurent. Il a, en outre, contribué à la toponymie du pays, notamment en faisant connaître le vocable amérindien Canada.

Les contacts entre la France et le territoire canadien se maintiennent toutefois grâce à la pêche sur les Grands Bancs de Terre-Neuve et les zones côtières. Les équipages normands et bretons y sont fort actifs, tandis que les Basques pratiquent la chasse à la baleine. En descendant à terre, pêcheurs et baleiniers ont des relations avec les autochtones et commencent à leur offrir des objets européens pour des peaux de fourrure. Ce commerce se révèle si lucratif que des marchands français décident d'affréter des navires à cette seule fin. Ainsi, malgré le désintérêt des autorités du royaume, les Français ont, au cours du XVIe siècle, découvert et commencé à exploiter les deux richesses qui feront pendant longtemps l'attrait du Canada, le poisson et la fourrure. Les routes maritimes de l'Atlantique-Nord sont maintenant bien connues et très fréquentées, et le terrain est prêt pour l'implantation d'une colonie permanente.

III. – **Le contact**

Le contact entre les visiteurs européens et les Amérindiens a des effets considérables pour ces derniers. Il n'est d'ailleurs pas exempt de violence. Les premiers explorateurs et pêcheurs embarquent de force des autochtones pour les amener dans leur pays, mais, l'effet de curiosité passé, cette pratique cesse. L'installation des pêcheurs sur les côtes pour y faire sécher leur poisson provoque parfois des confrontations armées. Les Amérindiens n'éprouvent aucun sentiment d'infériorité face aux Européens et, malgré les fusils de ces derniers, ils ont l'avantage du nombre et de la connaissance du terrain. Ils protestent d'ailleurs énergiquement lorsque les étrangers prétendent prendre possession du pays, comme Cartier le fait à Gaspé. Le commerce des fourrures entraîne toutefois un autre type de rapports, puisque les Européens ont besoin des fournisseurs autochtones et ont intérêt à nouer avec eux des alliances. L'approvisionnement tire parti des réseaux d'échanges établis depuis longtemps par les nations amérindiennes. Ce nouveau commerce rend très profitables les activités d'intermédiaires, ce qui provoque de violents conflits intertribaux. Ce serait l'explication de la disparition, vers la fin du XVIᵉ siècle, des Iroquoiens du Saint-Laurent, vraisemblablement attaqués par leurs voisins hurons, iroquois et algonquins. L'arrivée des Européens a cependant un effet beaucoup plus dévastateur en communiquant aux premiers habitants du pays des maladies contre lesquelles ils n'ont aucune immunité naturelle, en particulier la variole et la rougeole. Les épidémies déciment les tribus en contact avec les Blancs et provoqueront à long terme une réduction radicale des effectifs. Cette situation avivera à son tour les conflits intertribaux, car plusieurs groupes chercheront à refaire leurs forces en intégrant des captifs.

Grâce au commerce, les Amérindiens font l'acquisition d'une foule d'objets nouveaux, notamment de produits en cuivre et en fer. Au début, ils en font une appropriation purement symbolique, mais, avec le temps, ils intègrent la technologie européenne. Passant d'une tribu à l'autre, les nouveaux produits se répandent rapidement jusque très loin à l'intérieur du continent. Mais l'échange n'est pas à sens unique, puisque les Européens empruntent aussi à la technologie amérindienne. Ils découvrent les vertus du canot d'écorce, bien adapté à une navigation intérieure parsemée d'obstacles, et de la raquette pour se mouvoir sur la neige. Ils apprennent aussi les techniques de survie dans un climat hivernal plus rigoureux que celui de la France. Ces acquisitions seront particulièrement utiles aux commerçants de fourrures qui, au siècle suivant, commenceront à parcourir le continent en vivant « à l'indienne ». Les Européens auront cependant de la difficulté à comprendre les mentalités amérindiennes, considérant la civilisation autochtone comme inférieure et voulant à tout prix « civiliser » ceux qu'ils appellent « les Sauvages ». Au total, l'échange est donc très inégal. Pour les Amérindiens du Canada, il signifiera des populations décimées, des cultures bouleversées et surtout la perte de contrôle d'un territoire qui leur appartient.

Chapitre II

LA NOUVELLE-FRANCE, 1608-1760

Au début du XVIIᵉ siècle, la Nouvelle-France devient une réalité, lorsque les Français s'établissent en permanence dans la vallée du Saint-Laurent et en Acadie. Ils y sont attirés par le lucratif commerce des fourrures que l'État a constitué en un monopole dont l'exploitation est concédée successivement à diverses compagnies de marchands.

I. – La formation d'une colonie

1. Un comptoir de traite. – Entre 1604 et 1607, l'un de ces marchands, Pierre du Gua de Monts, assisté de Samuel de Champlain, établit un poste éphémère en Acadie puis, en 1608, envoie Champlain fonder Québec qui deviendra le premier établissement permanent de la France au Canada. Bien situé pour contrôler la circulation sur le Saint-Laurent et pour recueillir les fourrures arrivant de l'ouest, il survivra, même si le monopole change plusieurs fois de détenteurs. Champlain explore et cartographie le territoire et forge des alliances avec diverses nations amérindiennes, en particulier avec les Hurons. Il cherche aussi à faire connaître en France les richesses du pays et à promouvoir sa colonisation systématique. Malgré ses efforts, Québec n'est guère plus qu'un poste de traite abritant une cinquantaine de personnes. En 1627, le cardinal

Richelieu crée la Compagnie des Cent-Associés. Il lui attribue le monopole du commerce, lui concède la Nouvelle-France en seigneurie et lui impose l'obligation d'y amener des colons. Malgré de sérieux revers, causés en partie par la guerre avec les Anglais, qui prennent Québec en 1629 et ne le restituent qu'en 1632, la Compagnie réussit à amener des immigrants, aussi bien au Canada qu'en Acadie. Elle concède aussi des seigneuries. Lentement, une population agricole prend souche autour de Québec, mais l'activité économique principale reste le commerce des fourrures. À partir des années 1630, l'Église catholique commence à jouer un rôle dans le développement de la colonie. Les Jésuites fondent un collège à Québec en 1635, implantant des missions dans la Huronie et font connaître leur travail au Canada à travers leurs *Relations* publiées en France. Les Ursulines et les Hospitalières s'établissent à Québec. L'initiative la plus originale est celle de la « Société de Notre-Dame de Montréal pour la conversion des sauvages », mise sur pied par des dévots français dans le but d'établir une colonie missionnaire et qui envoie Maisonneuve fonder Ville-Marie (Montréal) en 1642.

Les projets de colonisation sont cependant menacés par la guerre iroquoise. En s'alliant aux Algonquins et aux Hurons, les Français ont pris parti contre leurs ennemis traditionnels, les Iroquois. Or ceux-ci veulent devenir des intermédiaires importants dans le commerce des fourrures, d'autant plus qu'ils ont accès au marché de la Nouvelle-Hollande. Beaucoup plus nombreux que les Français et pouvant se procurer des fusils auprès des Hollandais, les Iroquois menacent la petite colonie contre laquelle ils pratiquent régulièrement des attaques éclairs et où ils font régner un climat d'insécurité permanente. Ils s'en prennent de plus en plus aux Hurons qui, décimés par les épidémies et affaiblis par les divisions, ont du mal à résister et voient leurs villages détruits entre 1647 et 1649 ; plusieurs de ceux qui échappent au massacre sont intégrés à la population iroquoise. Au cours des années suivantes, les Iroquois poursuivent leur avancée vers l'ouest, mais au début des années 1660 ils reprennent leurs raids contre les postes de la vallée du Saint-Laurent dont la survie paraît menacée. La métropole décide alors de porter un grand coup : elle dépêche le régiment de Carignan-Salières, fort de 1 200 hommes. Arrivé en 1665, celui-ci entreprend l'année suivante une expédition en Iroquoisie qui amène les Iroquois à faire la paix.

2. **Une colonie royale.** – Plus importante encore est la décision de Versailles, en 1663, de dissoudre la Compagnie des Cent-Associés et de faire de la Nouvelle-France une colonie royale. Le pays sera désormais administré comme une province de France, avec un gouverneur, représentant du roi et responsable des questions militaires et des relations avec les Amérindiens, un intendant qui exerce le pouvoir dans les matières civiles et judiciaires et gère les finances, et un conseil souverain, à la fois organe législatif et cour de justice. Cette réforme est orchestrée par le ministre Colbert qui délègue comme premier intendant un homme dynamique, Jean Talon. Pendant une dizaine d'années, la France consent pour sa colonie un effort substantiel qui permet d'assurer son avenir.

La première préoccupation de la nouvelle administration est d'accélérer le peuplement du territoire. Le Canada ne compte que 2 500 habitants en 1663, avec un fort excédent masculin. La France stimule alors de diverses façons l'immigration, qui attire environ 2 000 personnes en une dizaine d'années. Elle finance notamment la venue de femmes célibataires, les Filles du Roy, qui trouvent rapidement à se marier ; cette mesure, en plus d'améliorer l'équilibre des sexes, entraîne une hausse significative des naissances, de sorte que l'accroissement naturel deviendra bientôt la principale composante de la croissance démographique. L'État encourage en outre les officiers et les soldats du régiment de Carignan à s'établir au Canada, une fois la campagne contre les Iroquois terminée ; 400 d'entre eux le font. L'intendant réorganise aussi le système seigneurial, révoquant les concessions qui n'ont pas été exploitées et en attribuant de nombreuses autres. Résultat de cet effort, la colonisation agricole progresse et, vingt ans après la prise en main par l'État français, la population atteint près de 10 000 habitants, ce qui est tout de même faible en comparaison avec les colonies américaines de la Grande-Bretagne. L'intendant Talon lance aussi quelques initiatives dans le but de diversifier l'activité économique, mais elles sont mises en échec par la rareté et le coût de la main-d'œuvre qualifiée.

3. **Le commerce des fourrures.** – L'activité principale du Canada reste le commerce des fourrures qui n'exige pas une abondante main-d'œuvre européenne, puisque la chasse et une partie du transport sont assumés par les Amérindiens. Les guerres iroquoises l'ont perturbé de façon importante et réduit les arrivages de fourrures à Montréal. Les Français adoptent une nouvelle stratégie : plutôt que d'attendre à Montréal que les Amérindiens apportent leurs fourrures, ils vont les chercher eux-mêmes. Ainsi apparaît le coureur de bois

qui séjourne dans l'Ouest où il fait la traite avec les autochtones. Bientôt surgissent dans l'Ouest des postes de traite où se font les échanges avec les Amérindiens. Les marchands français font cependant face à une concurrence accrue des Anglais qui détournent une partie des fourrures soit vers Albany, dans la colonie de New York (auparavant la Nouvelle-Hollande), soit vers les postes de la Compagnie de la Baie d'Hudson, créée à Londres en 1670 à l'instigation de Pierre-Esprit Radisson. En réponse à cette menace, les autorités du Canada mettent en place un système d'alliances qui vise à s'assurer la fidélité des nombreuses tribus de la vaste région des Grands Lacs. La rivalité commerciale provoque cependant la reprise de la guerre avec les Iroquois à partir de 1687. Ponctuée de victoires et d'échecs des deux côtés, elle se termine en 1697, lorsque les autochtones décident de faire la paix. Le gouvernement colonial veut cependant négocier un traité. La Grande Paix de Montréal est ainsi signée en 1701 par le gouverneur de la Nouvelle-France, par les représentants des Cinq-Nations de la Confédération iroquoise et par ceux d'une trentaine d'autres nations alliées des Français.

L'expansion du commerce des fourrures stimule l'exploration du territoire par les Français, désireux d'entrer en relations directes avec les groupes autochtones qui recueillent les fourrures, sans passer par des intermédiaires, et obligés d'aller toujours plus loin pour mettre la main sur de nouveaux réservoirs de la matière première. Les autorités coloniales participent à cet effort en autorisant des expéditions dans des zones jusque-là restées inconnues. L'exploration de l'intérieur du continent s'intensifie donc au cours du dernier tiers du XVIIe siècle. L'effort se porte d'abord du côté des Grands Lacs, vers le lac Supérieur et le lac Michigan. En 1673-1674, Louis Jolliet et Jacques Marquette atteignent le Mississippi, qu'ils suivent sur une partie de son cours, puis en 1682 Robert Cavelier de La Salle descend ce fleuve jusqu'à son embouchure. Ces expéditions permettent d'intégrer à l'empire commercial français tout le pourtour des Grands Lacs et, plus au sud, le Pays des Illinois ; elles préparent aussi le terrain à la fondation de la Louisiane. On explore également le nord du territoire : le P. Albanel atteint la baie James par la voie terrestre en 1671.

4. **Les établissements de pêche et l'Acadie.** – Si la Nouvelle-France étend son emprise vers l'intérieur du continent, qu'en est-il de sa présence sur la côte de l'Atlantique ? La pêche à la morue, pratiquée principalement par les Français et les Anglais, continue de représenter une activité extrêmement importante, surtout à Terre-Neuve. Au milieu du XVIIe siècle, la flotte de pêche française y est forte de 400 navires et emploie 10 000 hommes. Il s'agit d'une activité saisonnière qui ne favorise pas l'occupation systématique d'un vaste territoire. Les pêcheurs ont néanmoins l'habitude d'occuper les anses qui parsèment les côtes de Terre-Neuve afin de faire sécher leur poisson. Graduellement, une petite population sédentaire s'y installe. Déjà vers 1670, les Anglais y ont une trentaine d'établissements, concentrés dans le sud-est de l'île ; le plus important, Saint-Jean, compte 30 familles en plus de nombreux pêcheurs hivernants. Les Français choisissent le Sud et le Nord-Est, et leur poste principal devient Plaisance, où sont installés depuis les années 1660 un gouverneur et une petite garnison, et où, à la fin du siècle, vivent en permanence une quaran-

taine de familles. Il y a aussi quelques ports de pêche en Acadie, mais dans cette région c'est l'agriculture qui prédomine. Après que de Monts eut quitté son poste de Port-Royal en 1607, des commerçants de fourrures français ont continué à fréquenter cette région, aussi revendiquée par les Anglais qui l'appellent Nouvelle-Écosse. C'est cependant à partir de 1632 qu'une population d'origine française s'implante graduellement sur les pourtours de la baie de Fundy, et y endigue les marais dont le sol est très fertile ; elle compte 400 habitants en 1671 et 1 400 en 1700. Port-Royal reste le centre de la colonie, mais d'autres établissements agricoles sont créés, en particulier Grand-Pré et Beaubassin. Unis par de nombreux liens de parenté, les Acadiens forment une société aux traits spécifiques et se distinguent à la fois des Français et des Canadiens. Ils sont cependant soumis aux aléas des guerres et passent à plusieurs reprises de la domination de la France à celle de l'Angleterre et *vice versa*. Relevant du gouvernement de la Nouvelle-France établi à Québec, l'Acadie ne reçoit pas la même attention que le Canada de la part des autorités métropolitaines et se développe à son propre rythme, n'entretenant guère de liens avec la vallée du Saint-Laurent.

II. – Le Canada au XVIIIe siècle

Au début du XVIIIe siècle, la Nouvelle-France est formée de trois colonies. La plus importante est le Canada, c'est-à-dire la vallée du Saint-Laurent, auquel sont rattachés les Pays d'en Haut, soit la région des Grands Lacs. La deuxième est l'Acadie, mais dès 1713 la France la perd définitivement, ainsi que ses établissements de Terre-Neuve, cédés à l'Angleterre. Il ne lui reste dans la région de l'Atlantique que les îles Saint-Jean et Royale ; dans la première elle installe une population agricole, composée surtout d'Acadiens, tandis que dans la seconde elle érige une puissante forteresse à Louisbourg, qui devient aussi le centre principal de la pêche française et l'un des plus importants ports de mer du continent, comptant plus de 5 000 habitants vers 1750. La troisième colonie est la Louisiane, fondée en 1699 par le Montréalais Pierre Le Moyne d'Iberville, mais qui ne prend son essor que dans les années 1720 ; on lui rattache bientôt la région des Illinois. Au maximum de son expansion, la Nouvelle-France forme donc un immense arc de cercle, de l'Atlantique-Nord au golfe du Mexique, autour des colonies britanniques. À l'exception de la vallée du Saint-Laurent, l'occupation de ce territoire par les Français reste cependant ténue.

1. **Le territoire rural.** – À partir de 1713, le Canada connaît un véritable essor, favorisé par la Paix de Trente ans. Les progrès les plus spectaculaires sont enregistrés dans le monde rural. Grâce à une natalité élevée, la population s'accroît régulièrement et occupe systématiquement les seigneuries qui bordent le fleuve. L'avance des défrichements se traduit par une augmentation de la production et un accroissement du cheptel. Le blé fournit la base de l'alimentation de la famille rurale et représente son principal instrument de paiement des dîmes, des redevances et des fournitures achetées aux marchands. Les surplus sont d'abord destinés à la consommation urbaine, à l'équipement des postes de l'intérieur et aux troupes, mais on commence aussi à en exporter une partie à l'île Royale et aux Antilles. Trois grandes institutions encadrent la

population rurale. Il y a d'abord le régime seigneurial, base du peuplement et du mode d'occupation du sol. Au nombre de 210 en 1760, les seigneuries ont été attribuées principalement à des nobles, à des marchands et au clergé. Ces seigneurs ont intérêt à développer leur territoire et à concéder des terres, car ils en tirent des cens et rentes, des droits de mutation (les lods et ventes) ainsi qu'un droit de mouture du grain au moulin seigneurial. Peu à peu, à la structure seigneuriale se superpose un réseau de paroisses (110 en 1760). Une troisième institution est la milice, dont les capitaines font figure de chefs locaux. Malgré leurs obligations envers le seigneur et le curé, les paysans canadiens subissent moins de contraintes et ne sont pas aussi lourdement taxés que leurs homologues de la métropole. La plus grande liberté dont ils jouissent dans ce pays neuf ne crée cependant pas une société égalitaire, car on relève d'importantes différences dans le niveau de fortune des agriculteurs ; elles s'expliquent par des facteurs comme l'ancienneté de l'établissement, la proximité des marchés, les écarts climatiques (qui jouent en faveur de la région de Montréal) et la situation familiale.

2. **Le monde du commerce.** – Si l'agriculture est devenue l'activité principale du Canada, le commerce des fourrures reste la plus profitable. Après une grave crise de surproduction au début du XVIIIᵉ siècle, les autorités recommencent à ouvrir des postes dans l'Ouest à partir de 1712 et y installent des garnisons afin de consolider les alliances avec les Amérindiens et de contrer la pénétration britannique. Peu à peu, la présence française dans les Pays d'en Haut se renforce et une population s'y établit en permanence, en particu-

lier à Détroit qui compte déjà 700 habitants d'origine européenne vers 1750. Les explorations reprennent, d'abord en direction du Missouri, puis vers le lac Winnipeg et les plaines de l'Ouest. La traite des fourrures est devenue une affaire bien organisée, contrôlée par une poignée de marchands de Montréal qui équipent les convois de voyageurs et s'associent aux commandants des garnisons des forts de l'Ouest.

Montréal, d'abord colonie missionnaire, est très tôt devenue le centre organisateur du commerce des fourrures et la clé de voûte de l'expansion vers l'intérieur. De là partent les marchandises de traite et le ravitaillement des postes et des garnisons, et là arrivent les ballots de pelleteries. C'est aussi à Montréal que sont montées les expéditions militaires. Au cours du XVIIIe siècle, la ville devient également un centre de services au cœur d'une zone agricole en expansion. Sa population, de 1 200 au début du siècle, atteint 4 000 en 1754. Québec, qui abrite l'administration de la colonie et l'évêché, est cependant la ville la plus importante et compte environ 6 000 habitants en 1754. Son port domine les échanges avec la France, l'île Royale et les Antilles, et les principaux importateurs et exportateurs du pays y sont installés. Elle est aussi au cœur d'un hinterland agricole, étendant son influence sur tout l'est du Canada, jusqu'aux lointains postes de pêche et de chasse à la baleine de la Gaspésie et du Labrador. Dans les deux villes, outre les marchands, les administrateurs et la majorité des membres du clergé, résident les familles des quelques dizaines de nobles de la colonie. Les artisans s'y concentrent aussi et répondent aux besoins courants de la population urbaine. À Québec, une industrie de la construction navale se développe à partir des années 1730 et permet aux marchands d'obtenir plus facilement les bateaux dont ils ont besoin pour le transport sur le Saint-Laurent et pour les échanges avec l'île Royale et les Antilles. Au cours de la décennie suivante, cette production est monopolisée par le roi pour les besoins de sa marine. À la même époque, on lance aussi la production sidérurgique aux Forges de Saint-Maurice, près de Trois-Rivières, mais cette entreprise ne peut survivre sans un apport substantiel de fonds publics. Les effectifs des artisans sont cependant limités par la faible taille du marché de la colonie, la population du Canada, qui dépasse à peine les 60 000 habitants en 1760, n'étant tout simplement pas suffisante pour soutenir une véritable diversification de l'économie.

3. **Les institutions.** – L'État pèse d'un poids très lourd dans la vie de la colonie. Les règlements de l'intendant, moins contraignants qu'en France, imposent tout de même des entraves à la liberté de commerce et à l'autonomie des individus ; il n'est cependant pas toujours facile de les faire respecter. L'État français injecte des sommes importantes dans la colonie pour les dépenses de l'administration civile, pour la solde et l'entretien des militaires et pour la construction des fortifications. Compte tenu de la faible circulation du numéraire dans la population, cet apport du trésor royal est significatif.

Bien que subordonnée à l'État, l'Église catholique forme une des institutions principales du pays. Elle jouit d'un monopole religieux, puisque les protestants sont en principe exclus de la Nouvelle-France. Dotée d'un évêché à Québec depuis 1674, elle a graduellement formé un clergé séculier qui, malgré ses effectifs réduits, assure le service des paroisses rurales et fait respecter les prescriptions religieuses et morales. L'Église compte aussi sur plusieurs communautés religieuses. Les Jésuites occupent une place de choix dans les villes et dans les missions de l'intérieur, tandis que les Récollets participent au ministère paroissial. À Montréal, les prêtres du séminaire de Saint-Sulpice, à la fois curés et seigneurs, jouissent d'une situation matérielle enviable et d'un pouvoir social considérable. Diverses communautés de femmes s'occupent de l'enseignement, des hôpitaux et des services sociaux. Ces institutions ont de vastes propriétés urbaines et certaines comptent en outre sur l'apport de seigneuries. Dans les Pays d'en Haut, les missionnaires sont les auxiliaires de l'expansion française et contribuent à fortifier les alliances avec les Amérindiens.

La société canadienne est donc structurée par un ensemble d'institutions héritées de la France. Pourtant celles-ci prennent dans le nouveau pays des contours spécifiques. Très tôt des observateurs notent des différences entre les Canadiens, nés au pays, et les Français, qui n'y séjournent que quelques années. Les premiers, bien adaptés à leur environnement, ont fait des emprunts aux cultures amérindiennes. Ils profitent de la liberté que leur offre le nouveau continent et affichent un sentiment d'appartenance distinct.

Le développement du Canada est cependant affecté par les pressions de deux tendances contradictoires. D'une part, les besoins de la colonie d'exploitation des fourrures stimulent une expansion territoriale considérable et un éparpillement des ressources, que justifient les considérations stratégiques et politiques de l'impérialisme français. D'autre part, l'implantation d'une colonie de peuplement sur les rives du Saint-Laurent exige une concentration des ressources afin de fournir la masse critique nécessaire à sa croissance. Chacune des deux options a ses défenseurs parmi les administrateurs coloniaux. Cela aurait causé moins de problèmes si le Canada avait été plus peuplé. Le faible niveau de l'immigration en provenance de la France, surtout quand on le compare au flot beaucoup plus substantiel allant de l'Angleterre vers les colonies américaines, est ici en cause et explique que le Canada ne soit pas plus développé après un siècle et demi de colonisation française.

III. – **Des empires en conflit**

La présence française en Amérique du Nord ne peut manquer de provoquer des tensions avec les Britanniques, aussi implantés sur le continent, d'autant plus que les deux métropoles sont des rivales en Europe. La concurrence commerciale et les visées territoriales en Amérique du Nord engendrent dès le XVIIᵉ siècle des conflits armés qui vont en s'amplifiant au cours du siècle suivant. La région la plus contestée est celle de l'Atlantique-Nord où les deux puissances cherchent à tirer profit des lucratives activités de pêche. Un deuxième front s'ouvre à partir de 1670, quand la Compagnie de la Baie d'Hudson obtient de la couronne britannique le monopole du commerce et commence à installer des postes de traite des fourrures. Une troisième zone de conflit se développe avec l'implantation de colonies britanniques le long de la façade atlantique du continent, les premières à l'époque même où Champlain fonde Québec. Séparées du Canada par la barrière appalachienne, elles ne sont guère gênées au début par la présence française. Seules la colonie du Massachusetts, intéressée à la pêche, et celle de New York, qui participe au commerce des fourrures avec ses alliés iroquois, ont des raisons de s'en plaindre. Mais, au cours du XVIIIᵉ siècle, l'expansion territoriale française, surtout après la création de la Louisiane, gêne la marche vers l'ouest de colonies comme la Pennsylvanie et la Virgine, de sorte que plus on avance dans le siècle, plus les 13 colonies ont intérêt à s'unir pour s'attaquer aux Français.

1. **Les guerres en Amérique du Nord.** – De 1689 à 1763, quatre grandes guerres opposent la France et l'Angleterre en Europe. Sur le continent nord-américain, leurs colonies ont aussi des raisons propres de se battre. Certes, la France ici paraît nettement désavantagée, à cause d'abord de la supériorité croissante de l'Angleterre sur les mers, à cause aussi de la faiblesse numérique de la population française du Canada et de l'Acadie par rapport à celle des colonies britanniques, et à cause enfin de l'immensité du territoire qu'elle doit défendre. Elle possède cependant quelques atouts, notamment ses alliances avec la plupart des nations amérindiennes, qui l'appuient dans ses conflits, et la remarquable adaptation de ses colons canadiens à l'environnement de l'Amérique du Nord. Plusieurs des victoires françaises seront d'ailleurs le résultat de raids audacieux menés par de petits groupes d'Amérindiens et de Canadiens ; c'est ce qu'on appelle alors « la petite guerre ».

La guerre de la Ligue d'Augsbourg (1689-1697), amorcée dès 1686 en Amérique, permet aux Canadiens de s'emparer des postes anglais de la baie d'Hudson, puis de ceux de Terre-Neuve, et de mener quelques raids meurtriers contre des villages de la Nouvelle-Angleterre et de la colonie de New York. De son côté, cette dernière incite les Iroquois à frapper des établissements canadiens, notamment à Lachine, près de Montréal, en 1689. Les forces anglo-américaines conquièrent Port-Royal et décident d'envahir le Canada en 1690, mais la flotte de Phips échoue dans sa tentative de prendre Québec, défendue par le gouverneur Frontenac, tandis que l'armée de terre qui s'avance par le lac Champlain, affaiblie par la maladie et les dissensions, doit renoncer. Le traité de Ryswick (1697) rétablit la situation qui existait avant la guerre. Mais la trêve est de courte durée, car la guerre de Succession d'Espagne (1701-1714) relance les hostilités. Le scénario ressemble au précédent : raids canadiens contre des villages de la Nouvelle-Angleterre et prise des postes anglais de Terre-Neuve. Le Canada est cependant épargné des attaques des Iroquois, puisque ces derniers ont choisi la neutralité en 1701. Les Américains s'emparent à nouveau de Port-Royal en 1710, puis lancent en 1711 une double invasion de la vallée du Saint-Laurent : la flotte de Walker, victime d'un naufrage dans le golfe, se retire avant d'avoir atteint son but, ce qui force l'armée du lac Champlain à plier bagage. La Nouvelle-France est donc à nouveau victorieuse, mais, afin de protéger ses intérêts en Europe, la France fait des concessions en Amérique. Par le traité d'Utrecht (1713), elle cède à l'Angleterre la baie d'Hudson, Terre-Neuve (où elle ne conserve que des droits de pêche) et l'Acadie, et reconnaît la souveraineté britannique sur les Iroquois.

Ces concessions menacent à long terme la survie de la Nouvelle-France et accentuent les pressions de la concurrence commerciale. Pendant la Paix de Trente ans, la France tente donc de renforcer les moyens de défense de ses colonies. Elle érige, à compter de 1717, la forteresse de Louisbourg, fait construire des murailles autour de Québec et de Montréal, installe un fort au lac Champlain, et fortifie plusieurs postes de la région des Grands Lacs. Au cours de la guerre de Succession d'Autriche (1740-1748), à laquelle les Anglais ne participent qu'à partir de 1744, les hostilités se concentrent surtout dans les environs du lac Champlain, tandis que dans la région de l'Atlantique les Américains s'emparent facilement de Louisbourg en 1745 ; celle-ci est cependant remise aux Français par le traité d'Aix-la-Chapelle (1748).

2. **La guerre de la Conquête.** – Il faut attendre la guerre de Sept ans (1756-1763), appelée guerre de la Conquête par plusieurs historiens québécois, pour assister à l'affrontement final entre la Nouvelle-France et l'Amérique britannique. Les hostilités en sol nord-américain commencent dès 1754, bien avant le début de la guerre en Europe. L'enjeu en est d'abord le contrôle de la vallée de l'Ohio. Les troupes françaises et canadiennes en expulsent les Américains, forçant le jeune George Washington à capituler. Des affrontements y ont aussi lieu en 1755 ainsi que du côté du lac Champlain. Pendant ce temps, les Anglais tentent de renforcer leurs positions en Nouvelle-Écosse (l'ancienne Acadie), où ils ont fondé en 1749 la ville de Halifax. Ils doutent de la fidélité de la population acadienne qui a continué à se développer depuis 1713 sur les terres fertiles de la baie de Fundy et qui compte 13 000 personnes vers 1750. Les Acadiens prétendent rester neutres dans le conflit entre leurs anciens et leurs nouveaux maîtres et refusent de prêter un serment d'allégeance à la couronne britannique. En 1755, les dirigeants de la Nouvelle-Écosse adoptent une solution

radicale : la déportation des Acadiens, qui sont dispersés dans diverses colonies anglaises. Seulement le quart d'entre eux réussissent à y échapper en se cachant dans les bois ou en se réfugiant au Canada. L'opération se poursuit jusqu'en 1762 et touche les îles Saint-Jean et Royale. Ce « Grand Dérangement » laissera une trace profonde dans la mémoire collective des Acadiens.

Au Canada, les grandes offensives militaires commencent en 1756. Les troupes françaises, commandées par Montcalm, sont d'abord victorieuses au lac Ontario, puis à Carillon. Mais la situation se gâte à partir de 1758. Des dizaines de milliers d'hommes des meilleures troupes anglaises sont envoyés en Amérique et les colonies y ajoutent un nombre considérable de miliciens. L'Angleterre jouit d'une nette supériorité sur les mers et gêne le ravitaillement du Canada. Dans la colonie, on manque de vivres, car les Canadiens, enrôlés dans la milice ou réquisitionnés pour les transports militaires, ne peuvent accomplir leurs tâches agricoles. Louisbourg tombe en 1758. L'année suivante, Wolfe assiège Québec tout en dévastant la campagne environnante. Le 13 septembre, il réussit à faire débarquer ses troupes en aval de Québec et met en déroute l'armée de Montcalm, ce qui amène Québec à capituler cinq jours plus tard. Cette bataille des Plaines d'Abraham marque le début de la fin. Malgré une demi-victoire française à Sainte-Foy au printemps de 1760, la marche des troupes anglo-américaines, qui avancent sur trois fronts, est inexorable. Replié à Montréal, le gouverneur de la Nouvelle-France, Pierre de Rigaud de Vaudreuil-Cavagnial, n'a d'autre choix que de capituler, le 8 septembre 1760. Le traité de Paris (1763) confirme la cession de la Nouvelle-France à l'Angleterre.

Chapitre III

LES COLONIES BRITANNIQUES,
1760-1840

La conquête de la Nouvelle-France oblige les autorités britanniques à y composer avec une population française et catholique. Il leur faut un certain temps avant de mettre au point un régime politique qui tienne compte de cette réalité.

I. – À la recherche d'un cadre politique

1. De la Proclamation royale à l'Acte de Québec. – À partir de 1760, la population canadienne est soumise à un gouvernement militaire, jusqu'à ce que la cession du pays soit confirmée par le traité de Paris. En 1763, la Proclamation royale établit un premier gouvernement civil britannique et impose les lois anglaises à une société jusque-là régie par la Coutume de Paris. Le Canada est désormais appelé province de Québec, mais son territoire est limité à la vallée du Saint-Laurent, puisque toute la zone des Grands Lacs en est détachée et érigée en territoire amérindien. Londres veut ainsi limiter l'expansion vers l'ouest de ses 13 colonies américaines et diriger plutôt leurs surplus de population vers sa nouvelle possession du Nord. Cette mesure répond aussi aux pressions de diverses nations autochtones qui, en 1763, s'unissent sous la direction du chef algonquin Pontiac pour résister aux empiétements territoriaux des colons américains et s'emparent de la plupart des postes anglais de l'Ouest, avant d'être mises en échec par les troupes britanniques. L'administration de la province de Québec est confiée à un gouverneur, assisté d'un Conseil aux effectifs restreints, qui dispose des pouvoirs législatif et exécutif, sous la direction de Londres. Les autorités coloniales souhaitent assimiler les Canadiens et les convertir au protestantisme ; elles obligent ceux d'entre eux qui veulent occuper des fonctions publiques à l'abjuration de leur religion, ce qu'ils refusent. Dans les faits, l'immigration britannique ne vient pas et la population d'origine française augmente rapidement grâce à sa forte natalité. Les gouverneurs doivent donc faire des concessions : ils permettent que les litiges civils entre Canadiens soient réglés selon la coutume française et reconnaissent l'Église catholique comme interlocuteur.

L'échec de la stratégie de 1763 et l'agitation qui commence à se manifester dans les 13 colonies conduisent à l'adoption par le Parlement de Londres d'un nouveau régime constitutionnel défini en 1774 par l'Acte de Québec. Les lois civiles françaises sont rétablies et la religion catholique est reconnue, ce qui permet aux Canadiens d'accéder à la magistrature et aux autres fonctions publiques. Londres refuse cependant d'accorder au Québec une Assemblée législative élective, car elle serait dominée par les ~~francopho~~nes. On crée plutôt un Conseil législatif dont les membres sont choisis par les autorités coloniales ; on y nomme quelques Canadiens, mais en s'assurant qu'ils restent minoritaires. En outre, le gouverneur conserve des pouvoirs considérables. Pour les Canadiens d'origine française, cette loi de 1774 constitue la première reconnaissance constitutionnelle du caractère distinct de leur société. L'Acte de Québec agrandit le territoire de la province en lui adjoignant une partie importante de la vaste zone amérindienne créée en 1763, ce qui soulève la colère des autres colonies américaines qui se voient bloquer l'accès à la région des Grands Lacs, et contribue ainsi aux événements qui mènent à leur guerre d'Indépendance. Celle-ci a très tôt des répercussions dans la vallée du Saint-Laurent, que les insurgés américains envahissent en 1775. Ils occupent Montréal pendant quelques mois, mais échouent dans leur tentative de prendre Québec ; l'arrivée de renforts britanniques les force à retraiter en 1776.

2. **Les effets de la guerre d'indépendance américaine.** – La guerre d'indépendance des États-Unis, terminée en 1783, a aussi d'autres résultats, qui seront fort importants à long terme. L'Angleterre offre aux Américains qui lui sont restés fidèles de s'établir dans ses colonies du Nord. De 40 000 à 50 000 Loyalistes acceptent cette proposition. La majorité choisit la Nouvelle-Écosse, mais quelques milliers d'entre eux viennent dans les territoires situés à l'ouest de Montréal où n'existaient jusque-là que quelques forts et postes de traite dispersés au milieu des populations amérindiennes. Pour la première fois depuis 1760, les autorités coloniales voient se réaliser leur projet d'un peuplement britannique de la vallée du Saint-Laurent. Les nouveaux arrivants expriment bientôt deux revendications : ils ne veulent pas être soumis au droit civil français qui prévaut dans la colonie et ils exigent la création d'institutions parlementaires semblables à celles qu'ils ont connues auparavant. Londres répond à ces requêtes par l'Acte constitutionnel de 1791. Le

territoire de la province de Québec est désormais divisé en deux colonies distinctes : le Haut-Canada (le sud de l'Ontario actuel) et le Bas-Canada (le sud du Québec d'aujourd'hui). La première comprend une population essentiellement anglophone et est régie par la *Common Law* britannique, tandis que la seconde est massivement francophone et continue d'être soumise aux lois civiles françaises. Dans chacune des deux colonies, on met sur pied des institutions parlementaires bicamérales comportant une Assemblée législative élective et un Conseil législatif dont les membres sont nommés par les autorités. Le gouverneur (le lieutenant-gouverneur dans le Haut-Canada) dispose d'un droit de veto sur les lois adoptées par les deux chambres et dirige l'administration, assisté d'un Conseil exécutif. Ce premier pas vers la démocratie reste donc assorti d'un contrôle étroit de Londres sur les affaires canadiennes, ce qui entraînera bientôt d'importantes tensions.

La révolution américaine n'a guère d'effets à Terre-Neuve, trop éloignée du théâtre des opérations, mais elle marque profondément l'ancienne Acadie française. Son territoire forme la Nouvelle-Écosse, à l'exception de l'île Saint-Jean, érigée en colonie distincte en 1769 et rebaptisée île du Prince-Édouard en 1799. Quelques milliers de colons venus de Nouvelle-Angleterre s'étaient établis en Nouvelle-Écosse après la déportation des Acadiens, mais la fin de la guerre d'Indépendance y amène un nombre encore plus considérable de Loyalistes démunis, dont quelques milliers d'anciens esclaves noirs, qui s'installent dans des conditions particulièrement difficiles. Pour mieux gérer cet afflux soudain, Londres érige deux nouvelles colonies en 1784 : le Nouveau-Brunswick et l'île du

Cap-Breton (cette dernière sera réunie à la Nouvelle-Écosse en 1820). La métropole a accordé des institutions parlementaires à la Nouvelle-Écosse dès 1758 et fait de même pour les autres colonies au moment de leur création (seule l'île du Cap-Breton n'a pas d'assemblée élective), mais elle exerce un contrôle direct par l'intermédiaire de ses gouverneurs.

La création des États-Unis brise l'hégémonie de la Grande-Bretagne sur le continent, et les colonies qui lui sont restées fidèles sont désormais désignées collectivement sous le nom d'Amérique du Nord britannique. Le ressentiment causé par la guerre et la venue des Loyalistes y renforce l'attitude anti-américaine de la population anglophone, qui se montre profondément attachée à la culture et aux institutions britanniques. Il subsiste d'ailleurs des sujets de friction avec le nouveau voisin du Sud, notamment à propos de la délimitation des frontières. Le traité de Jay (1794) règle définitivement le partage de la région des Grands Lacs. En 1812, à la suite du blocus naval de la France par l'Angleterre, les États-Unis déclarent la guerre et lancent quelques expéditions contre les colonies britanniques, surtout en direction du Haut-Canada ; mal organisées, elles sont pour la plupart repoussées. Le traité de Gand rétablit la paix en 1814.

II. – Des colonies d'exploitation et de peuplement

Comme sous le régime français, les colonies ont pour rôle premier de fournir à la métropole des matières premières, dans le cadre du système mercantiliste, mais elles en acquièrent bientôt un second : servir d'exutoire aux surplus démographiques de la Grande-

Bretagne, accentués par les transformations de l'agriculture. Après la vague loyaliste de 1784-1785, de nombreux colons américains, voulant profiter de la disponibilité de terres gratuites, traversent la frontière en se dirigeant surtout vers le Haut-Canada. Mais, à partir du début du XIXe siècle, c'est l'immigration en provenance des îles Britanniques qui alimente la croissance démographique. La fin des guerres napoléoniennes marque le point de départ d'une puissante vague migratoire qui, en vingt-cinq ans, amène un demi-million d'Anglais, d'Écossais et surtout d'Irlandais vers les colonies nord-américaines. Plusieurs ne font que passer, en route vers les États-Unis, mais un grand nombre s'implantent au Nouveau-Brunswick, dans le Bas-Canada et surtout dans le Haut-Canada. Conjugué au fort accroissement naturel des francophones, cet apport permet une augmentation significative de la population de l'ancienne colonie du Canada qui, de 70 000 âmes dans les années qui suivent la conquête, passe à 637 000 en 1825 et franchit le cap du million (dont environ 60 % dans le Bas-Canada) à la fin des années 1830. De leur côté, les colonies qui ont succédé à l'ancienne Acadie comptent 20 000 habitants en 1776 et dix fois plus en 1825 ; il faut y ajouter les 40 000 personnes qui vivent à Terre-Neuve en 1815.

1. **L'exploitation des ressources naturelles.** — La traite des fourrures, perturbée par la guerre de la Conquête, se rétablit après 1760. Des Écossais installés à Montréal profitent de la liberté de commerce décrétée par les autorités britanniques pour y participer activement ; disposant de moyens supérieurs, ils en évincent peu à peu les marchands canadiens. En 1776, les prin-

cipaux négociants montréalais unissent leurs forces pour créer la Compagnie du Nord-Ouest qui domine bientôt les échanges avec les Amérindiens. Celle-ci étend toujours plus loin son réseau de postes de traite, tout en poursuivant l'exploration du territoire amorcée sous le régime français. Avant la fin du XVIIIᵉ siècle, les hommes de la Compagnie atteignent l'océan Arctique par le fleuve Mackenzie, puis la côte du Pacifique. Montréal est alors le cœur d'un empire commercial qui couvre tout le nord-ouest du continent. Cependant, la concurrence de la Compagnie de la baie d'Hudson s'avère coûteuse et entraîne la fusion des deux entreprises au profit de cette dernière en 1821. Désormais le commerce des fourrures se fera à partir de la baie d'Hudson ; le vaste territoire situé entre le Haut-Canada et le Pacifique sera géré comme une colonie privée et n'aura plus guère de liens avec les autres établissements britanniques de l'Amérique du Nord. L'autre grand produit d'exportation, le poisson, continue d'occuper une place très importante sur la côte de l'Atlantique. La pêche sédentaire représente une part croissante de cette activité, résultat du peuplement de Terre-Neuve, de la Nouvelle-Écosse et du Nouveau-Brunswick. Pratiquée par des milliers de pêcheurs établis dans un grand nombre de petits villages côtiers, elle leur fournit à peine de quoi survivre dans des conditions souvent pénibles. Ceux qui en profitent vraiment sont une poignée de puissants marchands qui monopolisent l'exportation et la commercialisation de la production et qui vendent aux pêcheurs les biens manufacturés dont ils ont besoin.

À partir du début du XIXᵉ siècle, un autre produit de base s'ajoute à ces exportations traditionnelles. Pendant les guerres napoléoniennes, l'Angleterre, coupée de ses approvisionnements en bois de la Baltique, se tourne vers ses colonies nord-américaines et leurs vastes forêts. Pour appuyer cette nouvelle activité, un tarif douanier accorde une préférence au bois colonial et compense les coûts de transport plus élevés. Dans le Bas-Canada et le Nouveau-Brunswick, l'exploitation forestière devient dès lors une entreprise extrêmement importante et fournit le principal produit d'exportation. Elle exige une main-d'œuvre abondante, recrutée parmi les immigrants irlandais et les agriculteurs canadiens-français. La coupe forestière est une activité saisonnière pratiquée en hiver. Le printemps venu, on fait flotter les billes sur les rivières et les fleuves jusqu'aux ports d'embarquement tels Québec, au Bas-Canada, ou Saint-Jean, au Nouveau-Brunswick, qui bourdonnent d'activité tout au cours de l'été. La demande de bateaux pour le transport vers l'Angleterre est telle qu'elle provoque dans ces ports l'essor de la construction navale, une industrie qui profite aussi de l'abondance du bois. On exporte d'abord des billes grossièrement équarries, mais à partir des années 1830 des entrepreneurs établissent des scieries à l'embouchure des rivières afin de produire des planches et des madriers. L'effet d'entraînement de l'exploitation forestière est donc beaucoup plus considérable que celui du commerce des fourrures.

2. **L'expansion du monde rural.** – L'immigration qui déferle dans le Haut-Canada donne à cette colonie l'allure d'un vaste front pionnier. Les nouveaux habitants se concentrent d'abord sur le haut Saint-Laurent et aux environs de Niagara, puis se répandent tout le long du lac Ontario, pour enfin progresser vers l'ouest et vers le nord. Il leur faut quelques années d'un dur la-

beur avant de produire suffisamment pour nourrir leur famille et plus longtemps encore pour dégager des surplus commercialisables. Entre-temps, ils mènent une vie frugale et doivent le plus souvent se contenter d'une petite cabane de bois rond pour se loger. Dans le premier quart du XIXe siècle, les zones les plus anciennes atteignent un certain niveau d'aisance, tandis que le front pionnier se déplace vers l'intérieur. Le Haut-Canada, dont l'économie repose presque entièrement sur l'agriculture, produit alors des surplus et exporte une quantité croissante de blé vers la Grande-Bretagne. Les villages se multiplient et offrent une gamme plus étendue de services à la population rurale.

Dans le Bas-Canada, le passage sous le régime britannique offre aux paysans bien établis de nouveaux débouchés, de sorte que les exportations de blé augmentent au cours des dernières décennies du XVIIIe siècle et que le niveau de vie s'améliore. L'accroissement démographique rapide des francophones provoque l'expansion du terroir et de nouveaux défrichements dans les seigneuries, tandis qu'apparaissent de nombreux villages. Mais la situation change au début du XIXe siècle. Les exportations chutent de façon radicale, car les cultivateurs réduisent leur production de blé pour pratiquer une agriculture mixte, manifestement destinée surtout au marché intérieur, notamment à celui des villes. Dans les zones de peuplement récent prédomine l'agriculture de subsistance à laquelle le travail en forêt fournit maintenant un revenu d'appoint. En outre, les bonnes terres de la vallée du Saint-Laurent sont toutes occupées, de sorte que les nouvelles générations ont du mal à s'établir et grossissent les rangs des journaliers agricoles. Cette pression démographique, conjuguée à de mauvaises récoltes dans les années 1830, place le monde rural bas-canadien en état de crise et engendre un profond malaise social.

L'agriculture n'a pas la même importance dans les colonies de l'Atlantique où seules l'île du Prince-Édouard et quelques zones de la Nouvelle-Écosse sont en mesure de produire des surplus, commercialisés dans la région. Ailleurs les pêcheurs et les travailleurs forestiers ne pratiquent qu'une agriculture de subsistance, conditionnée par le peu de temps que leur laissent leurs autres activités.

3. **Les nouveaux réseaux d'échange.** – Le développement des exportations canadiennes permet l'émergence d'une classe de marchands, le plus souvent d'origine anglaise ou écossaise, qui contrôlent le commerce international du pays, en association avec des firmes de la métropole. Profitant de l'augmentation de la population et de la formation d'un marché intérieur significatif, ces exportateurs font de plus en plus l'importation de produits manufacturés britanniques qu'ils distribuent grâce à un réseau de marchands ruraux. Le Saint-Laurent reste la voie royale de la circulation des marchandises, mais les rapides qui parsèment son cours entre Montréal et le Haut-Canada rendent la navigation difficile, ce qui entraîne la construction des premiers canaux.

À la fin du XVIIIᵉ siècle, Québec est encore la ville la plus importante du pays et rassemble certains des plus grands marchands, mais graduellement Montréal, porte d'entrée vers le Haut-Canada, s'impose comme le principal centre métropolitain d'une région dont le centre de gravité se déplace constamment vers l'ouest. Montréal, qui n'abrite que 9 000 habitants en 1800, en compte 30 000 en 1830 et dépasse alors Québec. Ses marchands, à la tête de ce qu'un historien a appelé l'empire commercial du Saint-Laurent, contrôlent les principaux réseaux d'échanges et fondent la première banque du pays en 1817. Le développement du marché intérieur stimule en outre la production artisanale de cuir, de bois, de métaux et de transformation alimentaire.

III. – **La résistance des Canadiens français**

Malgré les différences considérables qui existent entre les diverses colonies de l'Amérique du Nord, celles-ci ont en commun un héritage linguistique et culturel qui les rattache à leur mère-patrie. Ce n'est cependant pas le cas pour la population d'origine française du Bas-Canada, qui se développe de façon distincte en préservant ses propres caractéristiques culturelles. Cette situation mène inévitablement à des conflits de pouvoir, sources de tensions croissantes.

1. **L'Église catholique.** – Après la conquête de 1760 et le départ subséquent des administrateurs, des officiers et des marchands français, l'Église catholique devient la principale institution propre à la population canadienne et un interlocuteur privilégié des autorités britanniques. Affaiblie par un certain nombre de départs et par la mort de son évêque en 1760, il lui faut attendre 1766 pour obtenir la permission de faire sacrer un nouvel évêque. Le conquérant interdit tout recrutement aux communautés religieuses d'hommes, mais laisse le clergé séculier et les communautés de femmes poursuivre leur action. Il contrôle aussi de près le choix des évêques et des curés. Dans le but de protéger ses acquis, la hiérarchie catholique adopte

une politique de collaboration étroite avec les autorités britanniques, relayant leurs messages auprès de la population et prêchant la soumission. Pendant la guerre d'indépendance américaine, puis pendant celle de 1812-1814, elle prend ouvertement parti pour la Grande-Bretagne. Cette stratégie réussit, favorisant un allégement du contrôle gouvernemental. Grâce à son réseau de paroisses, l'Église exerce une emprise réelle sur ses fidèles. La croissance des effectifs du clergé est cependant inférieure à celle de la population, de sorte que l'encadrement est inégal et que les curés se plaignent du relâchement de la morale. Dans les premières décennies du XIXe siècle, les prêtres doivent aussi composer avec la montée d'une nouvelle élite qui tente d'asseoir son influence auprès des masses.

2. **L'expression d'une revendication politique.** – La couche supérieure de la société canadienne après 1760 se résume aux seigneurs et à quelques dizaines de marchands, surtout présents dans les villes. Peu à peu émerge une nouvelle élite formée, d'une part, d'avocats, de notaires et de médecins issus du milieu rural, et, d'autre part, de marchands locaux. Desservant une clientèle francophone, présents dans les campagnes aussi bien que dans les villes, ils s'affirment comme les porte-parole du peuple canadien (pendant longtemps, les francophones conservent l'appellation de Canadiens, tandis que leurs nouveaux compatriotes continuent à être désignés comme des Anglais). La création d'une Assemblée législative en 1791 leur fournit un nouveau théâtre où exprimer leurs revendications. Dès le début du XIXe siècle, les membres de cette nouvelle élite dominent l'Assemblée et mettent sur

pied le Parti canadien, qui deviendra le Parti patriote en 1827. Malgré leur majorité parlementaire, ils n'ont pas accès au pouvoir, puisque la seconde chambre, le Conseil législatif, ainsi que le Conseil exécutif, sont dominés par le gouverneur qui en nomme les membres. Le Parti canadien et son successeur expriment ouvertement une revendication nationale au nom du peuple canadien d'origine française qui forme plus de 80 % de la population du Bas-Canada. S'inspirant des principes du libéralisme et de la démocratie, ils réclament une réforme politique qui donnerait le pouvoir à la majorité, en exigeant notamment un Conseil législatif électif et l'octroi de la responsabilité ministérielle. Sur le plan économique, ils cherchent à protéger les intérêts des petits producteurs agricoles et s'opposent aux grands marchands de Montréal, surtout préoccupés de développer le commerce international. Les sujets de friction sont nombreux : vote des crédits pour les dépenses de l'administration, taxes et droits de douane, rôle politique des hauts fonctionnaires, éducation. L'Assemblée législative devient un champ de bataille où s'affrontent deux clans : d'un côté, la majorité des Canadiens français et quelques députés anglophones réformistes ; de l'autre, les marchands et les fonctionnaires anglais appuyés par certains francophones proches du pouvoir.

3. **Les rébellions de 1837-1838.** – La crise politique s'accentue au cours des années 1830 et conduit à un blocage des institutions. En 1834, le Parti patriote, dirigé par Louis-Joseph Papineau, fait adopter par l'Assemblée les « 92 Résolutions » qui énumèrent l'ensemble de ses griefs et de ses revendications et constituent un véritable programme d'autonomie

politique. Cette radicalisation conduit un certain nombre de députés francophones modérés à se détacher du mouvement. Les autorités coloniales se montrent disposées à faire des concessions, notamment en nommant une majorité de Canadiens français aux deux Conseils, mais elles refusent de céder le contrôle du pays, une mesure qui menacerait les intérêts supérieurs de la colonisation britannique, en particulier dans le Haut-Canada. Les députés patriotes décident alors d'en appeler à l'opinion publique et organisent, au printemps et à l'été 1837, une campagne d'assemblées publiques qui, sur un fond de crise agricole, mobilise notamment la population rurale de la région de Montréal. De leur côté, les marchands anglophones et les Canadiens loyaux à la Couronne se préparent à l'affrontement. La tension monte et, à l'automne 1837, le gouverneur décide de faire arrêter les principaux chefs patriotes, dont certains s'enfuient aux États-Unis. Les paysans de la vallée du Richelieu et de la région des Deux-Montagnes prennent les armes ; ils affrontent les troupes britanniques et les volontaires loyaux à Saint-Denis, Saint-Charles et Saint-Eustache. La rébellion est rapidement réprimée dans le feu et le sang, et quelques leaders sont exilés aux Bermudes. L'année suivante, une nouvelle révolte armée éclate dans les paroisses situées au sud de Montréal et subit le même sort que la précédente. Cette fois, 12 patriotes sont pendus et une soixantaine d'autres exilés en Australie. L'agitation gagne aussi le Haut-Canada où les réformistes ont obtenu la majorité à l'Assemblée en 1834 et réclament eux aussi un gouvernement responsable. En 1837, sous la direction de William Lyon Mackenzie, des partisans réformistes prennent les armes, mais leur mouvement est vite étouffé et une vingtaine de rebelles sont exécutés.

Les rébellions de 1837-1838 dans le Bas-Canada marquent l'échec du premier grand mouvement de revendication de l'autonomie politique pour les francophones. Cet échec est aussi celui de la nouvelle élite qui disputait au clergé la direction de la société canadienne-française. La radicalisation du Parti patriote a d'ailleurs provoqué une scission parmi cette élite. L'Église, qui s'est opposée vigoureusement au mouvement insurrectionnel, sort gagnante de l'affrontement et pourra, au cours des décennies suivantes, asseoir encore mieux son pouvoir.

4. **La mission de Durham.** – En 1838, Lord Durham, un libéral anglais, est nommé gouverneur et chargé de faire enquête sur la situation dans les deux colonies canadiennes. Son rapport représentera un jalon extrêmement important de l'histoire constitutionnelle du Canada. Il reconnaît le bien-fondé de la revendication politique commune aux deux colonies, l'obtention de la responsabilité ministérielle. Il constate cependant qu'au Bas-Canada la lutte est d'abord nationale, et qu'elle vise la constitution d'une république canadienne-française, solution contraire aux intérêts supérieurs de l'Empire britannique. Pour ce « peuple sans histoire et sans littérature » n'ayant à ses yeux pas d'avenir comme collectivité, Durham souhaite l'assimilation qui, comme en Louisiane, se fera graduellement, au fur et à mesure que l'immigration britannique transformera la composition de la population. Entre-temps il propose de placer les Canadiens français en minorité politique, grâce à l'union des deux colonies.

Le rapport de Durham conduit à l'adoption, par le Parlement anglais, de l'Acte d'union de 1840. Le Haut- et le Bas-Canada sont réunis pour former la province du Canada. Chacune des deux parties aura un nombre égal de députés et de conseillers législatifs, même si la population du Haut-Canada est inférieure. Ainsi, en ajoutant le poids des anglophones du Bas-Canada, on assure une majorité aux représentants de ce groupe. L'anglais devient la seule langue officielle des lois du pays, mais on permet au Bas-Canada de conserver son droit civil français. Londres n'accepte toutefois pas la recommandation de Durham au sujet de la responsabilité ministérielle.

Chapitre IV

LA RÉORGANISATION
DE L'AMÉRIQUE DU NORD
BRITANNIQUE,
1840-1867

L'union du Haut- et du Bas-Canada permet de placer les Canadiens français en minorité et favorise le développement économique du territoire britannique le plus peuplé d'Amérique du Nord. Elle engendre toutefois de nouvelles tensions. Il faut dès lors chercher un nouveau cadre politique : une fédération des colonies britanniques d'Amérique du Nord, dans le contexte d'une redéfinition des relations impériales.

I. – Relâchement du lien impérial et rapprochement avec les États-Unis

La Grande-Bretagne, devenue la plus grande puissance économique du monde, abandonne son système mercantiliste vieux de deux siècles et se convertit au libre-échange au cours des années 1840. Ce revirement sème l'émoi dans les colonies d'Amérique du Nord dont les deux principaux produits d'exportation, le bois et le blé, perdent la protection douanière dont ils jouissaient sur le marché anglais. Désemparés, des hommes d'affaires de Montréal lancent même un manifeste prônant l'annexion aux États-Unis. Leur mouvement s'éteint rapidement, car la catastrophe appréhendée ne se réalise pas. Les produits coloniaux continuent à trouver des débouchés en Grande-Bretagne et, surtout, ils commencent à se tailler une place au sud de la frontière. Le développement rapide de la république américaine accroît la demande pour les matières premières canadiennes que l'amélioration de la navigation sur le Saint-Laurent et la construction de chemins de fer en direction du sud permettent de transporter plus efficacement. Cela conduit la Grande-Bretagne, au nom de ses colonies, à signer avec les États-Unis le Traité de réciprocité (1854) qui établit le libre-échange pour le bois, les produits agricoles et le poisson, la libre navigation sur le Saint-Laurent et l'accès des deux parties aux pêcheries côtières au nord du 36e parallèle. Les exportations canadiennes vers le sud augmentent, mais le traité est abrogé par les États-Unis en 1866, à la suite des pressions des milieux protectionnistes. Le rôle du Canada comme fournisseur de matières premières pour son voisin du Sud est cependant bien établi et continuera à se développer par la suite.

La redéfinition des relations au sein de l'Empire britannique ne se limite pas aux seuls échanges économiques. À partir des années 1840, la Grande-Bretagne accorde à ses colonies nord-américaines l'autonomie interne en acceptant que les gouvernements locaux soient responsables devant leur propre parlement. Elle conserve néanmoins la mainmise sur les relations extérieures, bien qu'elle essaie de se désengager de ses responsabilités militaires. Elle cherche d'ailleurs à réduire les tensions avec les États-Unis en réglant les litiges frontaliers qui subsistent encore dans l'Est (1842) et dans l'Ouest (1846). D'autres difficultés surgissent toutefois pendant la guerre de Sécession, le Nord accusant l'Angleterre de pactiser avec le Sud, ce qui fournit à la Grande-Bretagne une raison supplémentaire de favoriser la fédération de ses colonies afin de les renforcer face à leur puissant voisin.

II. – Le Canada-Uni

1. L'obtention de la responsabilité ministérielle. – Le régime imposé par l'Acte d'union de 1840 est mis en place l'année suivante. Les Canadiens français, d'abord opposés à la nouvelle constitution, changent bientôt d'attitude. Les réformistes francophones, maintenant dirigés par Louis-Hippolyte La Fontaine, en viennent à accepter le nouveau cadre constitutionnel et à chercher à en tirer le meilleur parti. Ayant comme objectif d'obtenir la responsabilité ministérielle, ils forment une alliance avec les réformistes anglophones, dirigés par Robert Baldwin ; ensemble, ils arrivent à constituer une majorité parlementaire. Le gouverneur Charles Bagot reconnaît la réalité politique en faisant entrer les deux chefs réformistes au gouvernement en 1842, mais son successeur, Charles Metcalfe, refuse au nom de Londres la responsabilité ministérielle. Toutefois, le changement de gouvernement en Angleterre provoque une réorientation de la politique coloniale, de sorte qu'au lendemain des élections de 1847, où les réformistes sont vainqueurs, le gouverneur Lord Elgin charge Baldwin et La Fontaine de former un nouveau ministère ; la reconnaissance de la responsabilité ministérielle sera acquise peu après. En 1848, les Canadiens français obtiennent aussi la levée d'une injustice imposée en 1840 : désormais, le français sera reconnu au même titre que l'anglais au Parlement du Canada.

Grâce à la forte solidarité de leur députation, les francophones font donc échouer l'un des objectifs de l'Union, leur assimilation. S'ils doivent se contenter d'un statut minoritaire, ils réussissent à occuper une place significative sur l'échiquier politique. En outre, il subsiste des distinctions entre les deux anciennes colonies, le Haut-Canada désigné comme le Canada-Ouest et le Bas-Canada appelé Canada-Est. Chacune affirme sa spécificité et le gouvernement devient bicéphale, notamment pour le poste de Premier ministre et dans les secteurs de la justice et de l'éducation.

Une fois acquise la responsabilité ministérielle, les forces politiques se réorganisent. Chez les réformistes, des dissensions donnent naissance à deux groupes radicaux aux idées libérales et démocratiques : les *Clear Grits* au Canada-Ouest et le Parti rouge au Canada-Est. Héritiers de Louis-Joseph Papineau, les rouges réclament la séparation de l'Église et de l'État et s'attirent les foudres du clergé catholique qui combat énergiquement la diffusion des idées libérales au Canada français. À compter de 1854, une nouvelle alliance de réformistes modérés et de conservateurs forme le Parti libéral-conservateur, bientôt dirigé par John A. Macdonald et George-Étienne Cartier, qui domine le Parlement pendant une dizaine d'années. Mais la discipline partisane étant encore faible, l'appui qu'il obtient varie au gré des conjonctures, ce qui entraîne une instabilité gouvernementale croissante. À partir de 1858, il se maintient au pouvoir grâce à sa forte majorité au Canada-Est, tandis qu'il est minoritaire au Canada-Ouest où les *Clear Grits* ont la faveur de l'électorat. Ces derniers dénoncent la

French Domination qui en résulte et réclament le *rep by pop,* c'est-à-dire un mode de représentation qui reflète le poids démographique de chaque partie de la colonie. La forte immigration des années 1840 permet en effet au Canada-Ouest de dépasser en population la partie est, de sorte que l'égalité de représentation imposée par l'Acte d'Union, qui l'avait initialement bien servi, le désavantage. Les *Clear Grits* voient de plus en plus dans le fédéralisme une solution aux problèmes politiques du Canada.

2. **Une ère de transformations économiques et sociales.** – Malgré ces difficultés, les gouvernements font adopter au fil des ans un ensemble de lois qui ont de profondes répercussions économiques, sociales et politiques. L'Union contribue à donner à l'État canadien, avec l'appui de Londres, une capacité financière bien supérieure à celle des deux anciennes colonies et lui permet de réaliser d'importants programmes de travaux publics, notamment dans les transports. Au cours des années 1840, les canaux du Saint-Laurent sont agrandis et leur administration est unifiée, ce qui améliore nettement la navigation. Pendant les années 1850, les chemins de fer tiennent la vedette. Au début de la décennie, le Canada ne possède qu'une centaine de kilomètres de voies ferrées ; dix ans plus tard il en compte près de 3 000. L'État subventionne généreusement la construction par l'entreprise privée d'une grande partie de ces nouvelles lignes. Le projet le plus ambitieux, celui du Grand Tronc, mène à la construction d'une voie ferrée traversant d'ouest en est les deux parties du pays, depuis Sarnia, au Canada-Ouest, jusqu'à Rivière-du-Loup, au Canada-Est, avec un embranchement vers Portland, dans l'État américain du Maine. Même s'il

alourdit considérablement la dette du Canada, il favorise le désenclavement des régions du pays et la circulation plus rapide des individus et des marchandises. Diverses autres voies relient les grands centres urbains aux réseaux ferroviaires américains et contribuent à l'expansion du commerce continental.

En 1854, le Parlement canadien règle deux questions qui faisaient depuis longtemps l'objet de débats acrimonieux : il met fin au régime des réserves foncières établies pour le clergé anglican au Canada-Ouest et il abolit le régime seigneurial en vigueur depuis l'époque de la Nouvelle-France sur une partie du territoire du Canada-Est. Le marché foncier est ainsi libéré de contraintes importantes à une époque où la demande est forte. La population du pays, d'un peu plus d'un million d'habitants en 1840, grimpe en effet à 2 millions et demi en 1861. Jusqu'au milieu des années 1850, l'immigration amène chaque année, surtout du Royaume-Uni, des dizaines de milliers de nouveaux venus, dont de nombreux Irlandais fuyant la Grande Famine. Ils s'établissent principalement au Canada-Ouest, où la colonisation agricole progresse rapidement. Au Canada-Est, la croissance démographique s'appuie surtout sur la natalité élevée des Canadiens français. Mais les meilleures terres de la vallée du Saint-Laurent étant occupées depuis longtemps, le surpeuplement rural devient un problème social d'envergure et provoque une vague migratoire en direction des États-Unis qui se poursuivra pendant près d'un siècle. L'agriculture canadienne-française est en crise et l'on cherche des solutions dans l'amélioration des techniques agricoles et dans le développement de régions éloignées où les terres toutefois sont moins productives.

Dans le monde urbain, un changement important se manifeste : alors que depuis des décennies la population des campagnes progressait plus rapidement que celle des villes, c'est maintenant l'inverse qui se produit, ce dont témoigne la multiplication des villes et des villages. Le gouvernement met en place un régime d'institutions municipales, permettant ainsi aux collectivités locales de gérer leur développement. Au Canada-Ouest émerge une véritable hiérarchie urbaine, allant de centres régionaux jusqu'aux nombreux villages desservant la population rurale, et Toronto s'affirme comme la ville la plus importante. Au Canada-Est, le réseau urbain est depuis longtemps dominé par Québec et Montréal et cette forte polarisation gêne le développement de centres intermédiaires. Montréal est devenue la métropole du Canada et franchit en 1861 le cap des 90 000 habitants ; ses quais bourdonnent d'activité et ses hommes d'affaires sont à la tête des plus grandes entreprises du pays.

La croissance urbaine est surtout attribuable à une première phase d'industrialisation. La nécessité de transformer les matières premières explique la multiplication des scieries, minoteries, brasseries ou tanneries. Le développement des transports stimule la construction navale, la fabrication de matériel ferroviaire et d'autres produits de fer et d'acier. La demande d'un marché intérieur en expansion justifie le remplacement des importations par une production locale de chaussures, de vêtements, de meubles et d'outils divers. Dès 1857, le gouvernement adopte un tarif douanier qui protège ces industries naissantes de la concurrence étrangère. Celles-ci trouvent une main-d'œuvre abondante parmi les manœuvres qu'amènent l'immigration et l'exode rural, et elles recrutent leurs ouvriers qualifiés soit en Grande-Bretagne, soit parmi les artisans locaux qui tentent, sans grand succès, de résister à la mécanisation et au bouleversement de leurs pratiques traditionnelles.

La mise en place d'un système d'éducation représente une autre réalisation importante du régime de l'Union. Dans chacune des deux parties du Canada, on instaure un réseau d'écoles publiques gérées localement par des commissaires élus et financées en bonne partie par des taxes foncières. Les programmes et la formation des enseignants relèvent de deux surintendants, l'un pour l'Ouest, l'autre pour l'Est, assistés chacun d'un Conseil de l'instruction publique. Au Canada-Ouest, l'existence de nombreuses sectes protestantes conduit à privilégier un réseau public non confessionnel, mais les catholiques obtiennent le droit à des écoles séparées, tandis qu'au Canada-Est on établit dès le départ deux réseaux publics, l'un catholique, l'autre protestant. Les sensibilités religieuses sont omniprésentes dans la société canadienne du milieu du XIXe siècle. Chez les Canadiens français, l'Église catholique craint le prosélytisme protestant et ne veut rien céder de son influence. Dès les années 1840, elle entreprend une véritable reconquête religieuse de ses ouailles francophones, dont elle renforce l'encadrement en augmentant les effectifs du clergé et en faisant venir de France plusieurs communautés religieuses. Elle peut ainsi établir un nombre croissant d'œuvres sociales et jouer un rôle déterminant dans l'enseignement. Ayant délaissé les traditions gallicanes, l'Église canadienne s'est rapprochée de Rome et devient de plus en plus ultramontaine. Elle représente plus que jamais une force sociale avec laquelle les élites politiques doivent compter et elle ne se gêne pas pour intervenir dans les luttes électorales en faveur des candidats les plus conservateurs.

III. – Les autres colonies britanniques

Les colonies de l'Atlantique n'ont pas le même poids économique et démographique que le Canada. Le Nouveau-Brunswick, la Nouvelle-Écosse et l'Île-du-Prince-Édouard ne comptent ensemble que 664 000 habitants en 1861. Elles sont néanmoins florissantes grâce à la pêche, à l'exploitation forestière, à la construction navale, au transport maritime et au commerce avec les Antilles, la Grande-Bretagne et les États-Unis. L'agriculture n'y occupe pas une place importante, sauf à l'Île-du-Prince-Édouard, où elle est l'activité principale. Au milieu du XIXe siècle, ces colonies vivent leur âge d'or, alors que leurs marins et leurs grands voiliers sillonnent les mers. Tournées vers l'Atlantique, elles n'entretiennent guère de relations avec le Canada. Saint-Jean, au Nouveau-Brunswick, et Halifax, en Nouvelle-Écosse, se disputent le titre de métropole régionale. Les colonies de l'Atlantique obtiennent la responsabilité ministérielle entre 1848 et 1851. La population est d'origine britannique, surtout écossaise et irlandaise. Les Acadiens, de langue française, concentrés principalement dans le nord et l'est du Nouveau-Brunswick où ils se sont regroupés après la déportation de 1755, représentent une minorité affaiblie dont l'Église catholique est l'institution dominante.

Terre-Neuve se distingue des autres. Terre inhospitalière, cette île ne vit que par et pour la pêche à la morue, pratiquée sur les Grands Bancs et dont la production est expédiée en Europe ou aux Antilles. Sa population, composée pour moitié d'Anglais protestants et pour moitié d'Irlandais catholiques, est éparpillée dans des centaines de hameaux établis dans les anses de son rivage accidenté, surtout dans la péninsule d'Avalon, au sud-est de l'île. La seule ville est Saint-Jean, la capitale, où vivent les grands propriétaires des flottes de pêche et les fonctionnaires. Terre-Neuve n'a été dotée d'institutions parlementaires qu'en 1832 et obtient la responsabilité ministérielle en 1855. Elle n'entretient à peu près aucune relation avec le reste de l'Amérique du Nord.

Les vastes territoires britanniques situés entre le Canada et l'océan Pacifique sont encore peu organisés en 1840. À l'est des Rocheuses, la Terre de Rupert et le Territoire du Nord-Ouest sont depuis longtemps sous la juridiction de la Compagnie de la baie d'Hudson qui y maintient un grand nombre de postes où s'effectue la traite des fourrures. Le commerce s'y fait directement avec la Grande-Bretagne en passant par la base principale de l'entreprise, York Factory, sur les rives de la baie d'Hudson. À l'intérieur du continent, le poste le plus important est Fort Garry (aujourd'hui Winnipeg), chef-lieu du district d'Assiniboia, où résident surtout des Métis, descendants des unions entre traiteurs français ou britanniques et amérindiennes. Au nombre d'environ 14 000 à la fin des années 1860, les Métis font un peu d'agriculture, pratiquent la chasse au bison et se spécialisent de plus en plus dans le transport des marchandises entre leur établissement de la Rivière-Rouge et l'État américain du Minnesota. Ils ont conscience de former un peuple distinct, surtout les francophones, et leur culture s'abreuve à la fois à des sources européennes et autochtones. Les Amérindiens, notamment les Cris et les Pieds-Noirs, occupent la plus grande partie de la Prairie et de la forêt environnante, où ils vivent principalement de la chasse au bison et du commerce des fourrures. Leurs rangs sont lourdement décimés par la variole, la tuberculose et les autres maladies que leur apportent les Européens ; ils sont environ 25 000 à la fin de la période. En 1857, deux expéditions scientifiques, l'une britannique, l'autre canadienne, explorent la Prairie de l'Ouest et concluent qu'elle offre un vaste potentiel agricole. Leurs découvertes alimentent un fort courant politique qui, au Canada-Ouest, réclame l'expansion du territoire canadien dans cette direction.

À l'ouest des Rocheuses, la Compagnie de la baie d'Hudson est également présente grâce à ses postes de traite, mais le territoire est ouvert depuis 1818 à la fois aux Américains et aux Britanniques. En 1846, un traité y établit la frontière au 49e parallèle. La première colonie britannique dans cette région, l'île de Vancouver, est officiellement créée en 1849 et son administration est confiée à la Compagnie de la baie d'Hudson qui a la responsabilité d'en organiser le peuplement. De petits groupes de colons s'y installent au fil des ans. Sur la terre ferme, le territoire appelé Nouvelle-Calédonie, habité par plusieurs nations amérindiennes vivant de la pêche et du commerce, reste inexploité par les Européens, à l'exception de la traite des fourrures. Une ruée vers l'or s'y amorce en 1858. Venus principalement de Californie, où un phénomène semblable s'est produit dix ans plus tôt, les chercheurs d'or bouleversent instantanément l'économie régionale et perturbent les relations avec les Amérindiens. James Douglas, gouverneur de l'île de Vancouver depuis 1851, étend aussitôt son autorité sur la terre ferme, geste qu'appuie Londres en créant la colonie de Colombie-Britannique. Mais une fois la ruée vers l'or terminée, le maintien de deux colonies distinctes dans cette partie du monde paraît trop onéreuse ; elles sont fusionnées en 1866 et la plus récente donne son nom à l'ensemble. Son éloignement des autres territoires britanniques et l'expansionnisme américain, confirmé en 1867 avec l'achat de l'Alaska à la Russie, rendent cependant incertain son avenir dans le giron anglais.

IV. – **Vers la Confédération**

1. **Les tractations politiques.** – Les possessions britanniques en Amérique du Nord forment donc un assemblage disparate, inégalement développé, et l'idée de les réunir ne va pas de soi. La crainte des États-Unis incite les dirigeants des colonies à agir. Londres souhaite que celles-ci assurent leur propre défense, ce qui serait plus aisé si elles étaient unifiées ; elles pourraient également offrir de meilleures garanties aux investisseurs de la *City*. Par ailleurs, la situation politique au Canada se détériore, avec l'instabilité ministérielle qui caractérise le début des années 1860. En 1864, pour briser l'impasse, les *Clear Grits* acceptent de former avec le Parti libéral-conservateur une « Grande Coalition » afin d'étudier un projet de fédération. Cette solution permettrait de séparer les deux entités unies en 1840, en accordant à chacune le contrôle de ses affaires locales, et de créer un Parlement commun où la représentation refléterait le poids démographique de chaque région. Les dirigeants canadiens veulent y associer les colonies de l'Atlantique. En septembre 1864, ils rencontrent à Charlottetown

les délégués de la Nouvelle-Écosse, du Nouveau-Brunswick et de l'Île-du-Prince-Édouard à qui ils exposent leur projet avec succès. Quelques semaines plus tard, tous se retrouvent à Québec pour mettre au point les détails de l'entente. Les résolutions de la Conférence de Québec formeront la base de la nouvelle constitution. Elles sont ensuite discutées dans chacun des parlements. Une forte résistance s'exprime alors dans les colonies de l'Atlantique ; l'Île-du-Prince-Édouard choisit de ne pas adhérer à la fédération, tandis que Londres exerce d'intenses pressions pour que les deux autres y participent. Au Canada, la réaction des Canadiens français est plutôt tiède et les rouges s'opposent vigoureusement au projet, mais celui-ci est adopté. En 1866, les délégués coloniaux se réunissent une troisième fois, à Londres, pour mettre au point le texte définitif qui est adopté par le Parlement britannique en 1867 sous le titre d'Acte de l'Amérique du Nord britannique. Le nouveau pays s'appelle le Dominion du Canada.

2. **Un régime fédéral.** – Malgré le nom de Confédération donné au régime constitutionnel de 1867, il s'agit d'une fédération. Celle-ci comprend alors quatre provinces : l'Ontario (l'ancien Canada-Ouest), le Québec (l'ancien Canada-Est), le Nouveau-Brunswick et la Nouvelle-Écosse. Chacune dispose d'une Assemblée législative et d'un gouvernement distincts. Le Parlement fédéral est bicaméral : une Chambre des communes élective, où la répartition des sièges entre les provinces est fonction de la population, et un Sénat dont les membres sont nommés à vie par le gouvernement fédéral, à raison de 24 chacun pour l'Ontario, le Québec et l'ensemble formé par les provinces de

l'Atlantique. Les représentants de ces dernières auraient souhaité un nombre égal de sénateurs pour chaque province, comme aux États-Unis, mais ont dû se résoudre à cette formule mitigée.

La répartition des pouvoirs entre les deux niveaux de gouvernement est un enjeu important. Les délégués s'entendent sur la nécessité d'un gouvernement central fort, mais les Canadiens français du Québec veulent que des domaines tels le Code civil et l'éducation, composantes essentielles de leur caractère distinct, relèvent des provinces, tandis que les colonies de l'Atlantique veulent conserver une part de leur autonomie traditionnelle. Les champs d'action qui sont attribués exclusivement aux provinces sont la propriété et le droit civil, les institutions de santé et de charité, l'éducation, l'administration de la justice, les terres publiques, les municipalités et les travaux de nature locale. Quant au gouvernement fédéral, il a la responsabilité exclusive du commerce, de la monnaie, des banques, des postes, de la défense et des autochtones ; il partage avec les provinces le pouvoir de légiférer en matière d'agriculture et d'immigration, mais en cas d'incompatibilité ses lois prévalent. Il obtient aussi tous les pouvoirs résiduaires non attribués spécifiquement aux provinces et peut intervenir en tout domaine, en cas d'urgence, pour assurer la paix et l'ordre public. Cette répartition des pouvoirs donne donc un poids beaucoup plus considérable au gouvernement fédéral qui peut, en outre, désavouer toute loi provinciale. L'inégalité se manifeste aussi au chapitre des revenus, l'État central ayant accès à tous les modes de taxation, tandis que les provinces doivent se contenter des taxes directes.

Le statut minoritaire des Canadiens français s'accentue, avec l'addition de nouvelles régions anglophones ; ils obtiennent en contrepartie un État provincial, le Québec, où ils sont majoritaires. La langue française est officiellement reconnue, mais seuls le Parlement et les tribunaux fédéraux, de même que leurs équivalents québécois, sont tenus au bilinguisme, les autres provinces n'ayant aucune obligation linguistique. La Constitution protège les droits scolaires des minorités religieuses là où ils étaient reconnus avant 1867, et autorise le Parlement fédéral à voter une loi dite réparatrice si une province ne les respecte pas.

Chapitre V

LES PREMIERS PAS
DE LA CONFÉDÉRATION, 1867-1896

Le nouveau régime constitutionnel entre en vigueur le 1er juillet 1867. Le Premier ministre John A. Macdonald doit mettre en place les institutions fédérales et faire travailler ensemble des hommes politiques qui se connaissent encore peu. Il faut aussi créer des administrations provinciales distinctes et assurer un fonctionnement harmonieux de l'ensemble.

I. – Bâtir un nouveau pays

1. De l'Atlantique au Pacifique. – Une des premières tâches du nouveau gouvernement est d'assurer de meilleures communications entre l'ancien Canada-Uni et les nouvelles provinces de l'Atlantique au moyen d'un chemin de fer, construit entre 1868 et 1876. Une autre préoccupation concerne l'intégration des immenses territoires britanniques d'Amérique du Nord qui échappent encore au contrôle canadien et à propos desquels on craint l'expansionnisme américain, d'autant plus que les États-Unis viennent d'acquérir l'Alaska. La plus grande partie appartient à la Compagnie de la baie d'Hudson. Le gouvernement canadien en fait l'acquisition en 1869 et transforme ces Territoires du Nord-Ouest en une véritable colonie intérieure de l'État fédéral. Ni les Amérindiens, la plus importante composante de la population, ni les Métis, surtout concentrés dans l'établissement de la Rivière-Rouge, ne sont consultés. Ayant à leur tête Louis Riel, les Métis prennent alors les armes et forment un gouvernement provisoire ; après des négociations avec Ottawa, ils obtiennent en 1870 la création d'une province, le Manitoba. La plus grande partie des Territoires du Nord-Ouest reste cependant sous la domination du gouvernement fédéral qui, en se réservant la propriété des terres publiques, pourra à sa guise en organiser le développement. En 1871, la Colombie-Britannique fait son entrée dans la Confédération canadienne et on lui promet la construction d'un chemin de fer jusqu'à la côte du Pacifique. Finalement, en 1873, la petite colonie de l'Île-du-Prince-Édouard, endettée par la construction ferroviaire, se joint au Canada dont elle devient la septième province. Ainsi, en six ans à peine, le Canada a réalisé une étonnante expansion territoriale et s'étend de l'Atlantique au Pacifique ; seule Terre-Neuve échappe à son emprise.

2. **Une stratégie de développement.** – Afin d'intégrer ces nouvelles acquisitions et d'en permettre le développement, le gouvernement fédéral doit favoriser la réalisation du transcontinental. La compagnie du Canadien Pacifique termine la construction du chemin de fer en 1885. Parallèlement, de nombreuses voies ferrées régionales sont mises en place, de sorte que la longueur totale du réseau ferroviaire passe de 3 666 km en 1867 à 26 184 km en 1896. L'unification du marché intérieur par le rail est donc une composante importante de la stratégie économique.

D'autres efforts visent à favoriser l'industrialisation du pays. En 1879, le Parti conservateur fait adopter un nouveau tarif douanier qui doit protéger l'industrie manufacturière canadienne de la concurrence américaine tout en procurant à l'État fédéral des revenus pour financer les infrastructures de transport. C'est une solution de rechange aux nombreuses et infructueuses tentatives de rétablir le libre-échange avec les États-Unis. Protection douanière et construction ferroviaire, associées à la colonisation systématique de l'Ouest, sont au cœur de la « Politique nationale ». Celle-ci conduit à renforcer la position des deux provinces centrales, le Québec et l'Ontario, les plus industrialisées et celles qui concentrent les plus importantes entreprises commerciales et financières, au détriment des autres provinces, orientées vers des productions spécialisées dans un système d'échange inégal.

3. **Des temps difficiles.** – La stratégie de développement a cependant ses ratés. La crise de 1873-1878 frappe durement le Canada et la dernière décennie du siècle en est une de faible croissance. Les provinces de l'Atlantique entrent dans une phase de déclin ; leur activité traditionnelle, la construction et l'exploitation des grands voiliers en bois, recule devant la montée du navire à vapeur. Le peuplement de l'Ouest, après une brève poussée provoquée par l'arrivée du transcontinental, se fait à un rythme très lent, car le *Mid-West* puis le *Far-West* des États-Unis offrent un potentiel plus intéressant. Entre 1867 et 1896, le Canada réussit tout de même à attirer près d'un million et demi de nouveaux venus, en majorité d'origine britannique, mais il perd au profit de son voisin du Sud un nombre encore plus considérable de ses propres citoyens, de sorte que la migration nette est constamment négative. C'est à cette époque, par exemple, que l'émigration

des Canadiens français aux États-Unis atteint son sommet ; attirés par les emplois disponibles dans les villes manufacturières de la Nouvelle-Angleterre, ils quittent en masse les campagnes québécoises pour grossir les rangs de la communauté franco-américaine. Un phénomène semblable touche aussi les autres provinces. Dans ce contexte, la croissance démographique du Canada est modeste, la population totale passant en trente ans de 3,5 à 5 millions d'habitants.

Malgré ces circonstances difficiles, le développement économique du pays progresse. L'agriculture se transforme, surtout en Ontario et au Québec. Elle se diversifie avec le développement de l'élevage, des cultures fourragères, de la production laitière et de l'horticulture. Elle se mécanise aussi, ce qui accroît la productivité et libère une partie de la main-d'œuvre qui vient grossir les rangs de la population urbaine. Cette dernière passe en trente ans de moins du cinquième à plus du tiers de la population totale. L'industrie manufacturière profite de cet afflux ; ayant pris son essor vers le milieu du siècle, elle continue d'accroître sa production et de se diversifier après 1867. Quelques-unes de ses composantes transforment le bois et certains produits agricoles que le Canada exporte. Les autres, profitant de la croissance du marché canadien, de l'amélioration des revenus de la population et du développement des transports, répondent uniquement à la demande intérieure et fabriquent surtout des biens qui étaient auparavant importés. Les tarifs douaniers renforcent cette tendance, mais ne provoquent guère la naissance de nouvelles industries, sauf peut-être dans le textile ; ils favorisent aussi l'implantation au Canada de filiales d'entreprises manufacturières américaines. Tout au cours de la période, la production reste concentrée dans les deux provinces centrales, l'Ontario en accaparant la moitié, et le Québec, le tiers.

Le système financier devient beaucoup plus puissant. Contrairement aux États-Unis, où prédomine le régime des banques locales, le Canada ne compte que quelques dizaines de banques dont la vocation est d'abord régionale et qui étendent leur zone d'influence en multipliant les succursales. D'autres intermédiaires financiers, notamment les compagnies d'assurance vie et les sociétés de prêts hypothécaires, connaissent aussi une forte croissance. Les échanges sont en outre favorisés par le développement du commerce de gros, tandis que dans les villes le commerce de détail est transformé par l'arrivée du grand magasin. Ainsi, à la fin du XIXe siècle, l'économie canadienne est devenue plus diversifiée et les réseaux de transport, de commerce et de banque provoquent l'unification croissante du marché intérieur. Tout est en place pour favoriser la croissance rapide du pays ; pour l'heure, celle-ci se fait encore attendre, mais le nouveau siècle apportera enfin la prospérité dont rêvaient les Pères de la Confédération.

II. – Les tensions politiques

Si l'objectif de l'intégration économique est primordial, celui de l'unification politique l'est tout autant. Il faut assurer la participation des dirigeants et de la population des provinces de l'Atlantique, mais le poids démographique de l'Ontario et du Québec est tel que leurs représentants dominent le Parlement. Le sentiment d'appartenance régionale reste cependant très fort, de sorte que les partis et les gouvernements canadiens ont souvent été décrits comme des coalitions d'intérêts disparates, sans vision commune et constamment occupées à négocier des concessions réciproques. John A. Macdonald, chef du Parti conservateur et Premier ministre de 1867 à 1873, puis de 1878 jusqu'à sa mort, en 1891, domine incontestablement la scène politique. Pratiquant l'art du compromis, il réussit à maintenir la cohésion d'un parti tiraillé entre deux ailes extrémistes, les orangistes de l'Ontario et les ultramontains du Québec. Le Parti libéral n'arrive qu'une seule fois à prendre le pouvoir, à la suite du « scandale du Pacifique » en 1873, mais il est desservi par la crise économique et par la faiblesse de son chef, Alexander Mackenzie, de sorte que les électeurs le répudient aux élections de 1878. En 1887, un Canadien français, Wilfrid Laurier, prend la tête des libéraux et s'affaire à réorganiser son parti qu'il mènera à la victoire en 1896, en profitant du désarroi des conservateurs après la mort de Macdonald.

Les libéraux ont plus de succès à l'échelon des provinces dont les gouvernements deviennent ainsi des foyers d'opposition au gouvernement fédéral de Macdonald. Celui-ci a une conception centralisatrice du fédéralisme et utilise abondamment son droit de désaveu des lois adoptées par les provinces. Il se heurte à la résistance de ses homologues, surtout du Premier ministre de l'Ontario, Oliver Mowat, champion des « droits provinciaux ». Les tribunaux doivent trancher et, en dernière instance, le comité judiciaire du Conseil privé de Londres penche en faveur des provinces en reconnaissant leur compétence exclusive dans les domaines que la Constitution leur attribue. Ainsi, à la fin du siècle, le fédéralisme canadien est devenu nettement plus décentralisé qu'il ne paraissait devoir l'être en 1867.

1. **Les Amérindiens et les Métis.** – Aux conflits entre le gouvernement fédéral et les provinces s'ajoutent de nombreuses tensions ethniques et religieuses. Les premières victimes en sont les Amérindiens de l'Ouest dont le mode de vie nomade, s'appuyant sur la chasse et la pêche, est perçu comme un obstacle aux projets de colonisation agricole. L'objectif du gouvernement fédéral est de les amener à renoncer à leurs droits territoriaux et de les sédentariser en les installant sur des réserves et en leur fournissant du matériel agricole. Sept traités, couvrant le territoire qui va de l'Ontario aux Rocheuses, sont ainsi signés avec diverses nations entre 1871 et 1877. La quasi-extinction de leur principale source d'alimentation, le bison, conduit plusieurs d'entre elles à accepter les conditions imposées par Ottawa. Le nouveau régime mène à la destruction de la civilisation amérindienne traditionnelle. Dépouillés de leurs territoires, cantonnés dans leurs réserves et étroitement contrôlés par les agents gouvernementaux, les autochtones deviennent les pupilles de l'État qui, avec l'aide des missionnaires catholiques et protestants, tentent de les « civiliser » par l'éducation et la pratique de l'agriculture et de leur imposer les normes et les valeurs des Blancs. Dans ces circonstances, un certain nombre d'entre eux se révoltent en 1885, mais la majorité doit se résigner à un régime qui veut anéantir la culture et le mode de vie amérindiens. Certes, le processus n'est pas entaché de violence systématique comme aux États-Unis, mais le résultat final est semblable.

Les Métis voient eux aussi leur civilisation menacée par l'avance inexorable de la colonisation canadienne. En 1885, constatant qu'Ottawa reste insensible à leurs préoccupations, ils rappellent leur ancien chef, Louis Riel, et prennent à nouveau les armes. Des colons sont massacrés et un contingent de la Police montée du Nord-Ouest est repoussé. Les circonstances ne sont cependant plus les mêmes qu'en 1870 : le chemin de fer permet de transporter rapidement des troupes qui écrasent la rébellion à Batoche. Louis Riel fait prisonnier est amené à Regina, jugé pour haute trahison par un jury composé uniquement d'anglophones et condamné à mort. Cette décision provoque une agitation sans précédent dans tout le pays. Les Canadiens français réclament énergiquement que la sentence ne soit pas exécutée, tandis que les Canadiens anglais exigent avec autant de force le contraire. Le premier ministre Macdonald choisit de ne pas intervenir et Riel est pendu en novembre 1885, ce qui déclenche un vaste mouvement de protestations populaires au Québec et permet au nationaliste canadien-français Honoré Mercier d'accéder au pouvoir dans cette province.

2. **Les Canadiens français et les droits des minorités.** – L'affaire Riel représente la plus grave manifestation du conflit séculaire qui oppose Canadiens anglais et Canadiens français. Ces derniers, majoritaires au Québec où ils dominent le gouvernement, sont toutefois minoritaires dans les autres provinces et leurs droits y sont mal protégés, notamment en matière d'éducation. Tandis qu'au Québec la minorité anglo-protestante, grâce à son pouvoir économique, dispose d'un réseau d'écoles publiques distinctes, dites écoles séparées, ailleurs la minorité franco-catholique a peine à se faire reconnaître un droit semblable. Dès 1871, le Nouveau-Brunswick abolit les écoles séparées de son

importante minorité acadienne. En 1890, le Manitoba fait de même pour les écoles franco-catholiques de la province. Cette dernière décision, combattue par les évêques et de nombreux dirigeants canadiens-français, provoque un débat d'envergure nationale. Le gouvernement fédéral est l'objet de fortes pressions pour qu'il adopte une loi réparatrice, comme le permet la Constitution, afin de rétablir la situation des Franco-Manitobains. Mais le projet de loi ne peut être adopté avant les élections de 1896 et le nouveau gouvernement dirigé par Wilfrid Laurier choisira plutôt de négocier avec le Manitoba un règlement peu satisfaisant pour les francophones. Ces conflits scolaires mettent en évidence l'existence de deux nationalismes, de deux visions opposées du Canada. Les Canadiens français rêvent d'un pays bilingue où les droits des minorités ethniques et religieuses – anglo-protestante au Québec et franco-catholique ailleurs – seront protégés. Pour un grand nombre de Canadiens anglais, au contraire, le Canada est un pays britannique et de langue anglaise où la reconnaissance du français doit être limitée au Québec et à quelques institutions fédérales. Des groupes extrémistes, anti-papistes et anti-français, animés surtout par les orangistes, pèsent d'un poids très lourd dans certaines provinces. Leur attitude renforce le caractère défensif du nationalisme canadien-français. Ces conflits ethniques et religieux empoisonnent la vie politique canadienne, surtout après 1885.

III. – Une société conservatrice

La majorité de la population canadienne dépend toujours de l'agriculture en 1867. Le modèle de l'exploitation agricole familiale, propriété du chef de ménage, domine dans toutes les régions. Les familles nombreuses sont fréquentes, surtout au Québec où l'Église les encourage au nom de la « revanche des berceaux », mais la transition démographique est déjà amorcée en Ontario, où la fécondité est en baisse. Les codes et les rituels de la sociabilité perpétuent un héritage séculaire, bien que la société rurale soit loin d'être fermée sur elle-même : le développement des moyens de transport et de communication, l'implantation des écoles, la pénétration des journaux sont sources d'ouverture et de changement, plus marqués dans les régions d'établissement ancien où la proximité des villes et l'accès aux marchés ont un effet dynamisant. Par contre, sur les fronts pionniers du nord du Québec et de l'Ontario et sur ceux de la Prairie, les conditions de vie sont particulièrement frugales. Au-delà de ces différences, l'idéologie agrarienne occupe une large place et inspire une littérature canadienne en émergence, tant anglophone que francophone, ainsi que de nombreux peintres.

En milieu urbain, le phénomène dominant est la croissance notable de la classe ouvrière, dont les rangs sont gonflés par l'apport régulier de l'exode rural et, à un moindre degré, de l'immigration. On y trouve beaucoup de manœuvres et de travailleurs peu qualifiés qui occupent des emplois souvent précaires et vivent dans des conditions permanentes de pauvreté. Des voix commencent à s'élever pour dénoncer l'exploitation dont ils sont victimes ; elles amènent le gouvernement à ouvrir en 1886 une enquête sur les rapports entre le capital et le travail. Il en résulte bien peu de chose, car les élites restent généralement insensibles à cette situation et s'en remettent aux sociétés charitables pour l'aide aux démunis. Tout au plus les gouvernements provinciaux commencent-ils à adopter des lois afin d'assurer l'inspection des manufactures et de limiter le travail des enfants. Les familles ouvrières doivent donc se débrouiller et élaborer des stratégies de survie mettant à contribution les femmes et les adolescents. La situation des travailleurs qualifiés est meilleure, car ils peuvent exercer des pressions sur leurs patrons et obtenir des salaires plus élevés. Leur tradition de solidarité artisanale les mène vers le syndicalisme qui connaît un premier essor avec l'implantation d'organisations d'origine américaine. Les Chevaliers du travail font une percée dans les années 1880, mais au cours de la décennie suivante les « unions internationales » de la Fédération américaine du travail dominent. En 1886 est créé le Congrès des métiers et du travail, première centrale syndicale canadienne, dont les membres sont en majorité affiliés à l'une ou l'autre des deux organisations américaines. Le syndicalisme ne rejoint cependant qu'une faible proportion des travailleurs et son efficacité est réduite par l'hostilité des employeurs qui refusent d'accorder voix au chapitre aux porte-parole des ouvriers.

Le peu de sensibilité à la condition ouvrière reflète le conservatisme social qui caractérise les élites canadiennes, aussi bien dans les milieux d'affaires, chez les hommes politiques, parmi la petite-bourgeoisie que dans les rangs du clergé. Le sentiment religieux est très fort, tant chez les protestants que chez les catholiques, et les attitudes moralisatrices dominent les débats entourant les questions sociales. Les Canadiens anglais sont imbus des valeurs victoriennes et de l'héritage britannique. L'attachement à la Grande-Bretagne, considérée comme la mère-patrie, s'exprime avec force, aussi bien dans les villes que dans les campagnes. La bonne société imite les manières anglaises, et les titres et distinctions décernés par Londres sont avidement recherchés. Le Canada commence néanmoins à subir l'influence culturelle américaine, phénomène qui prendra de l'ampleur au siècle suivant. Déjà, par exemple, les promoteurs des États-Unis contrôlent le circuit des spectacles.

Le Québec se distingue cependant de multiples façons. L'Église catholique, poursuivant sur la lancée de la reconquête religieuse amorcée dans les années 1840, y consolide son emprise et contrôle l'éducation ainsi que les services sociaux et hospitaliers. Le courant ultramontain exerce une forte influence et ses représentants poursuivent leur combat contre le libéralisme et le Parti libéral. De nombreux conflits de personnalités et des oppositions régionales divisent cependant le clergé et le Vatican doit intervenir à plusieurs reprises pour tenter d'apaiser les querelles politico-religieuses ; ce faisant, il prend position en faveur des éléments les plus modérés. La minorité anglo-protestante, qui jouit de plusieurs protections constitutionnelles, représente une deuxième force, dont le pouvoir s'appuie sur le contrôle des principaux leviers de l'économie. Elle se concentre de plus en plus à Montréal et continue d'imprimer à cette ville, qui est la métropole incontestée du Canada, un visage nettement anglais. La majorité canadienne-française fait ainsi parfois figure de minorité dominée sur son propre territoire. Un troisième pôle de pouvoir s'affirme toutefois dans la société québécoise : une classe dynamique d'hommes d'affaires, qui mettent sur pied des entreprises desservant la clientèle francophone, et d'hommes politiques, qui contrôlent les institutions étatiques aux échelons provincial et municipal. Sur le plan culturel, les élites francophones subissent l'influence des modèles anglo-saxons, mais s'inspirent beaucoup aussi de ceux de France.

Chapitre VI

LA GRANDE EXPANSION, 1896-1929

L'arrivée au pouvoir du Premier ministre Wilfrid Laurier, en 1896, coïncide avec un retournement de la conjoncture qui permet au Canada de connaître l'une de ses plus fortes périodes de croissance, alimentée par l'immigration, le peuplement de la Prairie et l'expansion industrielle.

I. – Sur le sentier de la croissance

Le Canada comptait 4 833 239 habitants en 1891 ; il y en a 10 376 786 en 1931. L'immigration contribue fortement à cette augmentation de la population. Avec l'achèvement de l'occupation du territoire aux États-Unis (1898), le Canada devient en effet *The Last Best West,* l'ultime endroit en Amérique du Nord où l'on puisse trouver en abondance des terres peu coûteuses. Les politiques du gouvernement fédéral favorisent le recrutement et l'installation d'immigrants, nombreux à vouloir profiter de cette manne : plus de 3 millions pendant la quinzaine d'années qui précèdent la guerre, de sorte que, au recensement de 1911, 22 % de la population canadienne est née à l'étranger. Environ la moitié des nouveaux venus se dirigent vers l'Ouest où ils entreprennent la colonisation systématique de la Prairie. Les territoires situés à l'ouest de l'Ontario ne comptaient guère plus de 300 000 personnes en 1891 ;

ils en abritent dix fois plus en 1931. Pour accommoder cette population en croissance rapide, le gouvernement fédéral crée en 1905 deux nouvelles provinces : la Saskatchewan et l'Alberta. Dans la Prairie prend forme une société nouvelle, différente de celle de l'Est. On y pratique une agriculture extensive reposant sur la monoculture du blé, et sur l'élevage en Alberta. Rapidement, le blé devient le principal produit d'exportation du pays et, pour l'expédier en Europe, il faut couvrir l'Ouest d'un imposant maillage ferroviaire. Deux nouveaux chemins de fer transcontinentaux s'ajoutent à celui du Canadien-Pacifique.

Parallèlement, on assiste au développement de l'exploitation des ressources naturelles dans de nouveaux secteurs (hydro-électricité, pâtes et papiers, mines, électrochimie, électrométallurgie), notamment dans le nord du Québec et de l'Ontario et en Colombie-Britannique où les villes nouvelles dominées par une grande entreprise se multiplient. Ces investissements, qui atteignent une ampleur sans précédent au cours des années 1920, sont stimulés par une forte demande de matières premières en provenance des États-Unis et entraînent un apport substantiel de technologie et de capitaux américains. En même temps, la production manufacturière, aussi bien dans l'industrie légère (textile, confection, chaussure, alimentation, tabac) que dans l'industrie lourde (acier, métallurgie, équipement ferroviaire puis automobile), connaît une croissance très rapide, appuyée par la forte expansion du marché intérieur. Cette industrialisation est associée à une remarquable poussée d'urbanisation, alimentée par l'exode rural et l'immigration, qui fait passer la part de la population canadienne vivant dans les villes du tiers en 1901 à plus de la moitié en 1931. Le phénomène est encore plus marqué en Colombie-Britannique, en Ontario et au Québec. La métropole, Montréal, compte déjà 1 million d'habitants en 1931, et sa rivale, Toronto, la suit de près.

Ces transformations accélèrent la reconversion de l'agriculture de l'Ontario et du Québec, à laquelle l'expansion des marchés urbains fournit d'intéressants débouchés. La mécanisation des fermes s'accroît, tandis que le véhicule automobile permet un transport plus rapide et plus efficace des produits. Pendant la guerre, les agriculteurs accroissent leur production et leurs investissements afin de nourrir les Alliés ; la prospérité s'installe alors dans les campagnes, mais le retour à la paix et la baisse des prix provoquent un ajustement difficile. La modernisation de l'agriculture ne progresse pas au même rythme partout. Dans les régions éloignées de l'Ontario, du Québec et du Nouveau-Brunswick, se maintient une agriculture de subsistance qui force les exploitants agricoles à compléter leur revenu en travaillant l'hiver à la coupe forestière. Toutefois, la construction de centrales hydro-électriques, d'usines de papier ou d'aluminium et l'ouverture de mines commencent à bouleverser le cadre traditionnel des régions agro-forestières.

Le développement économique est orchestré par une poignée de grands capitalistes de Montréal et de Toronto qui contrôlent les plus importantes sociétés financières et industrielles du pays et qui accroissent leur pouvoir au cours de deux vagues de concentration des entreprises, pendant la première décennie du siècle, puis dans les années 1920. Cependant, le Canada dépend encore beaucoup des capitaux étrangers pour financer sa croissance. Au début du siècle, les Britanniques dominent nettement ce marché, mais à partir de la Première Guerre mondiale les Américains prennent la relève. Les premiers pratiquent surtout l'investissement indirect tandis que les seconds investissent directement dans les entreprises, exerçant ainsi une plus forte emprise sur l'économie canadienne.

II. – Une société nouvelle

1. **Le début de la diversité ethnique.** – À l'orée du nouveau siècle, la population canadienne est encore massivement d'origine britannique (57 %) ou française (31 %), la seule autre minorité significative étant d'origine allemande (6 %), tandis que les Amérindiens et les Inuits ne comptent que pour 2 %. L'immigration contribue à modifier ce portrait en attirant des effectifs beaucoup plus considérables en provenance d'Europe continentale, notamment d'Europe de l'Est (Ukrainiens et Juifs) et, dans une moindre mesure, d'Italie. En 1931, les minorités d'origine européenne, autres que française ou britannique, comptent déjà pour près de 18 % de la population. Dans les grandes villes, elles se regroupent dans des quartiers distincts où elles peuvent vivre dans leur langue et mettre sur pied des institutions spécifiques, tandis que, dans la Prairie, elles forment des communautés agricoles relativement compactes. Cette nouvelle diversité ethnique soulève des réactions, certains y voyant un danger pour le tissu social existant et une menace à l'équilibre traditionnel entre Anglais et Français. La xénophobie atteint son paroxysme en Colombie-Britannique, où la population s'agite jusqu'à l'émeute contre l'immigration chinoise et incite le gouvernement fédéral à limiter l'entrée des Asiatiques. Les autorités sont surtout préoccupées de favoriser l'intégration rapide

des groupes minoritaires au moyen de l'école, perçue comme un puissant instrument d'anglicisation et d'acculturation. Pour les Ukrainiens, les Juifs ou les Italiens, qui doivent s'adapter à un environnement difficile, accepter des emplois mal payés et résister à l'hostilité ou à l'indifférence, l'installation au Canada pendant les premières décennies du XXe siècle s'avère une expérience douloureuse.

2. Les effets de l'urbanisation accélérée. – Les difficultés d'adaptation touchent aussi les milliers de ruraux qui quittent la campagne dans l'espoir de trouver à la ville une vie meilleure. L'afflux de population entraîne une poussée de construction urbaine sans précédent, surtout au début du siècle, et s'accompagne d'une vive spéculation foncière qui atteint son sommet en 1913. Les grandes villes débordent vers la banlieue où les municipalités nouvelles poussent comme des champignons. Certaines ont une vocation industrielle marquée et attirent une population ouvrière. D'autres sont surtout résidentielles et répondent au désir de la bourgeoisie et de la classe moyenne de fuir la pollution et la pauvreté du centre. Dans la plupart des grandes agglomérations, la ville centrale en vient à annexer un grand nombre de ces nouveaux rejetons. Les services publics, souvent fournis par des entreprises privées, deviennent essentiels pour les citadins qui utilisent de façon croissante les transports en commun, le gaz, l'électricité ou le téléphone.

La vie dans les villes reste cependant marquée par de fortes inégalités sociales. La croissance économique assure un enrichissement rapide aux hommes d'affaires et favorise l'éclosion d'une nouvelle classe moyenne de cadres d'entreprises et de membres des professions libérales. Le développement des fonctions administratives et des services entraîne l'augmentation des effectifs des employés qui, même si leur salaire est modeste, bénéficient d'une stabilité d'emploi et d'un statut enviables. La situation est moins rose pour la classe ouvrière, première victime des aléas de la conjoncture et du chômage saisonnier qui paralyse pendant l'hiver des secteurs entiers, tels le transport maritime et le bâtiment. Les travailleurs qualifiés s'en tirent mieux, mais la masse des manœuvres et des ouvriers d'usine vivent sous le seuil de la pauvreté et doivent recourir au travail des adolescents ou à la contribution de la mère au foyer. Au cours des premières décennies du siècle, les conditions d'existence tendent toutefois à s'améliorer. Ainsi, les nouveaux logements urbains sont dotés d'éléments de confort moderne, tels l'eau courante, les w.-c., l'électricité et un chauffage plus efficace. Il subsiste toutefois un vieux stock de logements dégradés où s'entassent les nouveaux venus, situation que dénoncent avec vigueur les critiques sociaux, sans grand succès pour l'instant. Grâce à l'action des hygiénistes, à la vaccination, à la filtration de l'eau et à la pasteurisation du lait, la mortalité urbaine, en particulier la mortalité infantile, recule de façon nette. Ce progrès est inégal : la mortalité reste plus forte dans les quartiers ouvriers que dans les quartiers bourgeois, chez les Canadiens français que chez les Canadiens anglais, à Montréal qu'à Toronto.

3. **Un vent de réformes.** – L'amélioration des conditions de vie doit beaucoup à l'essor d'un mouvement de réformes sociales, d'inspiration anglo-saxonne. Animées par des représentants des élites, de nombreuses organisations dénoncent la déchéance

physique, sociale et morale qui affecte les classes populaires urbaines et tentent de proposer des solutions. Leurs objectifs sont variés : aide à l'enfance, réforme des programmes d'enseignement et instruction obligatoire, adoption de mesures d'hygiène publique, réorganisation de l'aide aux démunis, contrôle de la qualité des logements, embellissement des villes, relèvement de la moralité publique par la lutte à la prostitution et à la consommation d'alcool. Le mouvement de réforme recherche des solutions rationnelles et scientifiques aux problèmes sociaux, mais il a aussi une inspiration religieuse, en particulier chez les protestants où fleurit le courant *Social Gospel,* l'Évangile social. Ses pressions entraînent une action gouvernementale encore timorée qui vise les conditions de travail, l'assistance publique et l'hygiène. Mais l'intervention étatique se heurte à de fortes résistances, notamment au Québec où l'Église catholique veut conserver sa mainmise sur les services sociaux et l'éducation, de sorte que l'amélioration des conditions de vie reste encore tributaire de l'initiative privée et de ses conceptions élitistes et moralisatrices des réformes sociales.

Les femmes de la bourgeoisie et de la classe moyenne jouent un rôle important dans les organisations réformistes, ce qui les amène à formuler des revendications féministes. Elles luttent en particulier pour obtenir l'accès aux études universitaires et à l'exercice des professions libérales, mais l'objectif qui mobilise bientôt leurs énergies est le droit de vote, dans la foulée des suffragettes anglaises et américaines. Elles obtiennent gain de cause pendant la guerre, alors que le gouvernement fédéral accorde ce droit, d'abord aux seules parentes des soldats en 1917, puis à l'ensemble des femmes adultes l'année suivante. Les provinces adoptent l'une après l'autre le suffrage féminin entre 1916 et 1922, sauf le Québec où l'opposition de la hiérarchie catholique et le conservatisme social d'une partie des élites politiques en retardent l'adoption jusqu'en 1940.

Le mouvement syndical s'engage lui aussi dans le combat du changement social. Il connaît une expansion rapide au début du siècle et mène de nombreuses grèves pour le droit à la négociation collective et l'amélioration des conditions de travail. Le militantisme, qui débouche parfois sur l'action politique, atteint son apogée en 1919. L'événement le plus marquant est alors la grève générale de Winnipeg qui paralyse cette ville de l'Ouest pendant six semaines et que les autorités, agitant le spectre du bolchevisme, choisissent d'écraser par la force. C'est un recul pour le mouvement ouvrier qui, au cours des années 1920, n'arrive pas à retrouver le souffle qui l'a animé pendant les deux décennies précédentes. Les grandes « unions internationales » de la Fédération américaine du travail dominent la scène et les syndicats purement canadiens restent faibles et isolés. Au Québec, dans le but de contrer l'influence américaine, les évêques suscitent la création de syndicats catholiques qui s'implantent surtout dans les petites villes de province.

Le poids des États-Unis se fait d'ailleurs sentir dans plusieurs domaines d'activité. Les produits américains, et leurs marques de commerce appuyées par la publicité, rejoignent de plus en plus les consommateurs canadiens. Il en est de même dans le champ culturel, car le Canada reste une société d'emprunt, malgré l'émergence de quelques artistes et auteurs nationaux. L'influence britannique et française reste forte parmi les élites, mais la culture populaire s'américanise de façon marquée. Le média de masse par excellence, le journal quotidien à grand tirage, s'inspire de son homologue du Sud. Le cinéma est vite contrôlé par les distributeurs américains. Dans les années 1920, la radio naissante importe la plupart de ses programmes des États-Unis. Cette situation accentue la crise d'identité que vivent alors de nombreux intellectuels, écrivains et artistes, qui cherchent une nouvelle définition de la canadianité. Sur ce plan, l'unanimité s'avère impossible à cause des différences de perception considérables qui séparent les anglophones des francophones, phénomène qui s'exprime surtout sur la scène politique.

III. – Un pays divisé

Aux élections fédérales de 1896, Wilfrid Laurier prend le pouvoir à la tête du Parti libéral. Il cherche à concilier les tendances contradictoires qui se manifestent dans la vie politique canadienne. Ainsi, il inaugure une nouvelle ère de relations fédérales-provinciales plus harmonieuses. Il tente aussi de régler le problème des écoles du Manitoba en négociant un compromis qui est toutefois loin de répondre aux attentes des franco-catholiques. Pour clore la question, il demande l'intervention du pape qui, après avoir envoyé un délégué faire enquête, juge l'entente acceptable, même si elle est imparfaite. Cet appui de taille permet au Premier ministre d'amorcer un rapprochement avec les évêques québécois et de mettre ainsi fin à l'opposition systématique de plusieurs d'entre eux à son parti. Grâce à la croissance économique qui coïncide avec son arrivée au pouvoir, Laurier jouit d'une grande popularité et réussit à se maintenir en selle pendant une quinzaine d'années.

1. **Nationalistes et impérialistes.** – Sa volonté de compromis est cependant mise à rude épreuve sur la question des relations entre le Canada et la Grande-Bretagne, à un moment où le zèle impérialiste britannique atteint de nouveaux sommets. Depuis plusieurs décennies, le Canada a obtenu une complète autonomie intérieure, mais, sur le plan extérieur, il reste une colonie de la Grande-Bretagne. Or anglophones et francophones expriment des vues diamétralement opposées sur l'avenir de cette relation. Au Canada anglais, un nouveau nationalisme s'est fait jour, manifestant un profond attachement à l'Empire britannique et y réclamant pour le Canada un statut de partenaire. Les impérialistes, dont le message est élaboré et diffusé par des intellectuels comme George Monro Grant et Stephen Leacock, jouissent d'une grande influence dans l'opinion publique canadienne-anglaise. À l'opposé, au Canada français, un fort courant nationaliste ayant à sa tête Henri Bourassa soutient que la loyauté première des Canadiens doit aller à leur pays et non pas à l'Angleterre. L'opposition entre ces deux conceptions est particulièrement vive à propos de la participation canadienne aux guerres de l'Empire. La question se pose dès 1899, lors de la guerre des Boers, les impérialistes réclamant une participation active, les nationalistes exigeant l'abstention. Laurier choisit un compromis en autorisant l'envoi d'un contingent restreint, formé de volontaires. Par la suite, il cherche à résister aux pressions impérialistes et affirme l'autonomie du Canada en s'opposant au projet d'une fédération impériale. La course aux armements avec

85

l'Allemagne amène toutefois la Grande-Bretagne à demander à ses colonies une contribution au développement de sa marine de guerre. Laurier choisit plutôt en 1909 de créer une marine canadienne qui, en cas de conflit, serait placée sous commandement britannique. Pour les nationalistes, c'est trop ; pour les impérialistes, trop peu. Aux élections de 1911, les deux groupes font la lutte à Laurier qui affronte aussi une forte opposition à l'accord limité de libre-échange qu'il a négocié avec les États-Unis ; cette conjugaison de forces entraîne sa défaite. Le Parti conservateur, ayant à sa tête Robert Borden, prend le pouvoir.

La protection des droits de la minorité franco-catholique continue à diviser les Canadiens. Bourassa et les nationalistes canadiens-français ont une conception biculturelle du Canada et insistent sur l'égalité des droits des deux grands peuples qui composent le pays, d'un bout à l'autre du territoire. Pour la majorité des anglophones, au contraire, le Canada est un pays anglais où on tolère le bilinguisme au Parlement fédéral et au Québec, mais pas dans les autres provinces. La bataille tourne encore autour du droit de la minorité d'obtenir des écoles publiques séparées, qu'elle gérerait elle-même. Préoccupés d'assimiler les nouveaux groupes ethniques qui arrivent au pays, surtout dans l'Ouest, les Canadiens anglais refusent d'y garantir le droit à la dissidence scolaire et toutes les tentatives des nationalistes canadiens-français pour infléchir cette attitude restent vaines.

2. **Les secousses de la guerre.** – C'est donc un pays divisé qui entre en guerre aux côtés de l'Angleterre en 1914. Les Canadiens d'origine britannique, parmi lesquels un bon nombre d'immigrants récents, s'en-

rôlent nombreux pour répondre à l'appel de leur mère-patrie. Les Canadiens français, au contraire, ne montrent aucun enthousiasme pour un conflit qui ne les concerne pas, d'autant plus que l'armée canadienne n'est guère accueillante pour eux, puisqu'elle fonctionne seulement en anglais. Les tensions ethniques sont avivées par la question scolaire, surtout en Ontario où le gouvernement cherche à restreindre l'enseignement en français. Elles s'aggravent encore en 1917, lorsque le gouvernement canadien décide d'imposer la conscription, malgré l'opposition massive du Québec. Pour mieux faire accepter cette mesure, les conservateurs du Premier ministre Borden forment avec des libéraux anglophones un gouvernement d'Union qui obtient facilement la victoire aux élections de 1917, mais sans l'appui du Québec.

L'effort de guerre du Canada est important. Avec une population d'environ 8 millions d'habitants, il enrôle plus de 600 000 hommes, dont 418 000 font du service outre-mer. Les usines du pays produisent armes et munitions, tandis qu'une partie appréciable de la production agricole est destinée à l'Angleterre. D'abord encadrés par les Britanniques, les soldats canadiens forment bientôt un corps d'armée distinct et s'illustrent dans plusieurs batailles, notamment à Vimy en 1917. Cette participation au conflit contribue à développer un sentiment national au Canada anglais et permet à Borden de faire avancer la cause de l'autonomie des Dominions au sein de l'Empire. Le Premier ministre se joint au cabinet impérial de guerre en 1917 et obtient surtout que le Canada ait une délégation propre à la conférence de paix. Ces premiers pas ouvrent la voie à l'indépendance complète en matière de relations extérieures, bientôt acquise dans les faits et confirmée par le statut de Westminster en 1931.

En politique intérieure, les tensions engendrées par la guerre et les nombreuses rebuffades subies dans le domaine scolaire font sentir leurs effets chez les francophones. Ils rejettent les conservateurs, identifiés à la conscription, et, aux élections de 1921, votent en bloc pour le Parti libéral, maintenant dirigé par William Lyon Mackenzie King, contribuant à le porter au pouvoir. Frustrés dans leur rêve de créer un pays véritablement bilingue, les nationalistes se tournent de plus en plus vers le Québec, seule province où les francophones sont majoritaires, et certains flirtent même brièvement avec l'idée d'indépendance.

La plus grande secousse politique vient cependant de l'Ouest. Vivant de la monoculture du blé destiné à l'exportation, la population se sent exploitée par des intermédiaires, souvent de grandes entreprises contrôlées depuis Montréal ou Toronto, et elle s'estime mal servie par les grands partis dominés par les hommes politiques de l'Est. Les fermiers de l'Ouest ont déjà créé des mouvements agraires, formé des coopératives et élu des gouvernements provinciaux favorables à leurs intérêts. Ils expriment leur mécontentement sur la scène fédérale grâce au Parti progressiste qui, en 1921, fait élire 64 députés à la Chambre des communes et rompt ainsi l'équilibre traditionnel entre libéraux et conservateurs. Mais les dissensions minent bientôt le nouveau groupe et provoquent son effritement graduel au cours de la décennie. Le mécontentement s'exprime aussi dans les provinces de l'Atlantique, où les conditions économiques sont difficiles après la guerre, bien que la protestation n'y atteigne pas la même ampleur que dans l'Ouest. Dans les deux cas, le gouvernement King réussit à désamorcer la crise par des mesures d'apaisement qui ne règlent pas les problèmes, mais donnent au moins l'illusion qu'il se préoccupe du sort des régions éloignées. Dans la seconde moitié de la décennie, les tensions politiques s'apaisent. Le pays vit une nouvelle phase d'expansion économique et la prospérité paraît revenue. Un climat d'euphorie s'installe et se transforme bientôt en une fièvre spéculative sans précédent que vient brutalement interrompre le krach de 1929.

Chapitre VII

DE LA CRISE À LA PROSPÉRITÉ,
1929-1960

Le cours de l'histoire du Canada paraît mis entre parenthèses pendant les années 1930, tant est profonde la dépression qui s'abat alors sur le pays. Cette crise provoque des remises en question à la fois économiques, sociales et politiques. La période de la guerre, qui lui succède, a elle aussi un caractère exceptionnel, de sorte que le retour à la normale ne se fait qu'en 1946.

I. – La dépression

1. L'ampleur de la crise économique. – La dépression des années 1930 est la plus grave que le Canada ait connue. Entre 1929 et 1933, la valeur de son produit national brut (en dollars constants) chute de près du tiers et il faut attendre 1939 pour la voir dépasser le niveau qu'elle avait atteint dix ans auparavant. Au plus fort de la crise, plus du quart de la main-d'œuvre est en chômage. La reprise s'amorce en 1934, mais avec une lenteur désespérante, et elle est compromise par la récession de 1937. De tous les pays industrialisés, le Canada est, avec les États-Unis, l'un des plus sérieusement atteints.

Grand exportateur de matières premières, le Canada est particulièrement affecté par le marasme du commerce international, aggravé par la réaction protectionniste qui se manifeste un peu partout. La valeur de ses expéditions de blé tombe des deux tiers en quatre ans, à cause de la surproduction mondiale et de la chute rapide des prix. Reposant sur la monoculture du blé, l'économie de la Prairie est en ruines et des milliers d'agriculteurs sont acculés à la faillite, en particulier en Saskatchewan. Par ailleurs, les produits tels que le bois, le papier et les minéraux, dont le marché principal est aux États-Unis, souffrent de l'ampleur de la crise dans ce pays, et les régions spécialisées dans leur production, au Québec, en Ontario, au Nouveau-Brunswick et en Colombie-Britannique tournent au ralenti. L'important secteur des transports ferroviaires et maritimes, dont le sort est lié aux activités exportatrices, subit évidemment les contrecoups de cette débandade.

La réduction du pouvoir d'achat des producteurs de matières premières se répercute inévitablement sur l'industrie manufacturière. Le problème est aggravé par les effets du surinvestissement de la fin des années 1920. La capacité de production de l'industrie canadienne dépasse nettement ce que peut absorber un marché intérieur aussi déprimé, ce qui provoque non seulement des fermetures d'usines et des mises à pied, mais aussi l'arrêt à peu près complet des nouveaux investissements et, par conséquent, le chômage de la majorité des travailleurs de la construction. Ainsi, l'investissement, qui avait été le moteur de la croissance pendant la décennie précédente, contribue par sa faiblesse à ralentir la reprise.

Les petits commerçants, les membres des professions libérales et les autres entreprises de services sont à leur tour affectés par la baisse des revenus de leur clientèle. De nombreux propriétaires, incapables d'acquitter leurs taxes ou de percevoir leurs loyers, perdent leur maison. La population canadienne était habituée au chômage saisonnier, mais cette fois la situation est différente puisque des centaines de milliers de personnes se trouvent sans travail pour des périodes prolongées. Certes le chômage frappe de façon inégale, mais partout il fait sentir ses effets. Pour la majorité des Canadiens, la dépression devient synonyme d'insécurité permanente et d'espoirs déçus.

2. **L'agitation sociopolitique.** – Les tensions sociales engendrées par la crise économique provoquent des secousses politiques. Les gouvernements sont l'un après l'autre répudiés par les électeurs. Au niveau fédéral, le Parti libéral de William Lyon Mackenzie King, qui a été au pouvoir pendant presque toute la décennie précédente, est renversé en 1930, mais le Parti conservateur de R. B. Bennett qui lui succède est à son tour victime de la mauvaise humeur de l'électorat en 1935 et doit céder la place aux libéraux. Dans les provinces aussi, les changements de gouvernement sont nombreux.

Le phénomène le plus révélateur du désarroi de la population est le foisonnement de nouveaux mouvements politiques, aussi bien de droite que de gauche. Même s'il est illégal de 1931 à 1936, le petit Parti communiste augmente le nombre de ses militants et s'active à organiser des groupes de chômeurs. Divers éléments travaillistes et agraires s'unissent en 1933 pour former un nouveau parti socialiste, la Commonwealth Cooperative Federation (CCF), qui a du succès auprès des agriculteurs et des ouvriers de l'Ouest où il fait élire 7 députés fédéraux en 1935. L'éphémère Parti de la reconstruction, qui exige la mise au pas des grandes entreprises et des monopoles, obtient 9 % des voix, mais un seul siège, aux élections fédérales de 1935. Le Crédit social, fondé par un populaire pasteur protestant de l'Alberta qui mêle habilement la Bible et la politique, prend le pouvoir dans cette province en 1935 et envoie 17 députés au Parlement fédéral la même année. Au Québec, l'Union nationale, un nouveau parti rassemblant des libéraux dissidents et des conservateurs, forme le gouvernement à la suite des élections de 1936. Plusieurs mouvements d'inspiration fasciste ou nazie font aussi leur apparition ici et là et contribuent à alimenter le courant antisémite. Les débats sont intenses tout au cours de la décennie alors que la population est soumise autant aux dénonciations du capitalisme qu'à l'évocation du spectre communiste.

3. **Des remèdes peu efficaces.** – Le gouvernement conservateur, imitant en cela la plupart des autres pays, augmente les droits de douane dès 1930. Si cette mesure accroît la protection de l'industrie canadienne, elle n'apporte rien au secteur des exportations pour lequel la solution paraît être la négociation d'ententes commerciales. De tels accords, conclus avec les pays du Commonwealth en 1932 et avec les États-Unis en 1935, contribuent à améliorer la situation, mais ils sont insuffisants pour replacer l'économie sur ses rails. Pour cela, les gouvernements s'en remettent au jeu normal des forces du marché, pourtant déficientes. Finalement, c'est le déclenchement de la guerre qui assurera la relance.

Entre-temps, il faut bien s'occuper du problème inédit soulevé par les centaines de milliers de chômeurs du pays. Les programmes sociaux sont encore peu développés en 1929 et l'aide aux personnes dans le besoin est assurée par les sociétés de charité mises sur pied par les Églises ou les groupes philanthropiques, avec un appui financier assez restreint des municipalités. Ces dernières doivent cependant faire beaucoup plus pendant la crise des années 1930, car les organisations volontaires sont débordées. Les coûts croissants de l'aide aux chômeurs obligent rapidement les gouvernements supérieurs à contribuer à son financement. Des programmes de travaux publics sont lancés en toute hâte, mais on se rend bientôt à l'évidence : les sans-emploi sont tellement nombreux qu'il n'est pas possible de tous les embaucher. Les gouvernements doivent donc se résoudre à verser des prestations, le « secours direct », dont le montant est cependant inférieur au seuil de la pauvreté ; à partir de 1932, c'est la forme principale que prend l'aide aux familles dans le besoin. Pour les célibataires qui vont de ville en ville à la recherche d'un moyen de subsistance, le gouvernement fédéral crée des camps de chômeurs gérés par l'armée qui deviennent rapidement des foyers d'agitation sociale et sont fermés en 1936. Au Québec, on installe un grand nombre de familles sur des terres souvent peu fertiles situées dans des régions éloignées, tandis qu'en Saskatchewan on convainc de nombreux agriculteurs du sud de la province, frappés par une sécheresse prolongée, de s'établir plus au nord ; pour les uns et les autres, cela représente un dur labeur de défrichement avant que l'exploitation puisse nourrir la famille. Dans l'ensemble, les mesures gouvernementales relèvent plus de l'improvisation que d'une stratégie de relance de l'activité économique.

4. **La remise en question du fédéralisme.** – Ces mesures s'avèrent aussi très coûteuses et obligent municipalités et gouvernements à s'endetter. Cela pose rapidement un problème de nature constitutionnelle. Selon la répartition des pouvoirs établie en 1867, la responsabilité des mesures sociales appartient aux provinces, de qui relèvent les municipalités, mais parce qu'ils n'ont pas de ressources fiscales suffisantes pour faire face à une telle croissance des dépenses, les gouvernements provinciaux demandent l'aide financière du gouvernement fédéral. Celui-ci commence donc à leur verser des subventions qui atteindront éventuellement 30 % du coût des programmes sociaux. Il prend aussi des initiatives pour orienter l'intervention étatique. En 1935, par exemple, le Premier ministre Bennett propose un *New Deal* canadien qui comprend des mesures telles le salaire minimum, l'assurance chômage et l'assurance santé. Les lois qu'il fait adopter sont cependant déclarées inconstitutionnelles par les tribunaux.

Cette affaire engendre un débat important à propos de l'orientation du fédéralisme canadien : faut-il un régime plus centralisé dans lequel le gouvernement fédéral deviendrait le maître d'œuvre d'un nouvel État-providence, ou faut-il respecter l'autonomie des provinces en leur transférant les ressources qui leur permettraient de satisfaire à leurs obligations dans le champ des politiques sociales ? Le Premier ministre Mackenzie King forme en 1937 une commission d'enquête (la commission Rowell-Sirois) pour étudier cette question. Son rapport, déposé en 1940, adopte la thèse centralisatrice et propose une modification de la constitution qui transférerait au pouvoir central les principales politiques sociales ainsi que les grands impôts directs perçus jusque-là par les provinces ; en échange, celles-ci recevraient des subventions fédérales. Plusieurs gouvernements provinciaux s'opposent à un tel chambardement, mais acceptent en 1940 que la Constitution soit amendée partiellement afin de créer un régime fédéral d'assurance chômage. Le mouvement de centralisation est néanmoins lancé et prendra une vigueur considérable pendant la guerre.

II. – La Seconde Guerre mondiale

Le 10 septembre 1939, une semaine après la Grande-Bretagne et la France, le Canada déclare la guerre à l'Allemagne. Il n'est guère préparé à participer au conflit, mais cela change rapidement, car toutes les ressources humaines et matérielles du pays sont bientôt mobilisées pour l'effort de guerre.

1. **La participation canadienne.** – Au début des hostilités, le Canada semble destiné à jouer un rôle mineur aux côtés de l'Angleterre et de la France, mais la capitulation de cette dernière en 1940 bouleverse la situation. Isolée en Europe et ne pouvant encore compter sur l'appui officiel des États-Unis, la Grande-Bretagne a besoin des ressources de son allié canadien. Le Canada devient alors une vaste usine de munitions et produit un nombre considérable d'avions, de tanks et de navires ; il expédie aussi outre-Atlantique de grandes quantités d'aliments. Il a la responsabilité de la formation de tous les pilotes d'aviation du Commonwealth britannique et de la protection des convois maritimes sur l'Atlantique-Nord. Ses troupes envoyées en Angleterre participent au raid désastreux sur Dieppe en 1942, à la campagne d'Italie, au débar-

quement de Normandie, puis contribuent à la libération du nord de la France, et surtout des Pays-Bas.

Comme pendant la Première Guerre mondiale, se pose la question de la conscription. Dès le début, le gouvernement établit un service national, mais la participation aux activités militaires hors du pays reste volontaire. En 1939, les dirigeants libéraux promettent d'ailleurs aux Québécois qu'il n'y aura pas de conscription pour le service outre-mer. Ils se ravisent en 1942 et organisent un plébiscite demandant aux Canadiens de les libérer de cet engagement. Les chefs nationalistes du Québec lancent aussitôt une campagne en faveur du « non », sous le parapluie de la Ligue pour la défense du Canada. Les résultats de la consultation montrent une fois de plus la profonde division entre francophones et anglophones : alors que dans le reste du pays plus de 80 % des électeurs acquiescent à la demande du gouvernement, 71 % des Québécois la rejettent. La conscription pour service outre-mer ne sera finalement imposée qu'en 1944 et, dans les faits, cette mesure ne touchera que très peu de soldats. Au total, 1 million d'hommes et de femmes, sur une population de 12 millions, servent dans les forces armées au pays ou à l'étranger. Les Québécois participent en plus grand nombre que pendant la Première Guerre, mais ils continuent d'être traités comme des citoyens de seconde zone ; seule l'armée de terre compte quelques unités francophones.

2. **Le retour au plein emploi.** – S'appuyant sur les pouvoirs exceptionnels que lui attribue la Constitution en cas d'urgence nationale, le gouvernement canadien prend la direction des ressources humaines et matérielles du pays. Il impose une gestion centralisée de

la production, de la consommation et de la main-d'œuvre, le contrôle des prix et des salaires ainsi que la censure. Une intense propagande incite les Canadiens à participer de multiples façons à l'effort de guerre.

La demande extraordinaire engendrée par le conflit mondial relance la production dans tous les secteurs et fait disparaître les dernières séquelles de la dépression. Le plein emploi est rapidement atteint et on fait appel de plus en plus à la main-d'œuvre féminine. Le revenu des Canadiens s'accroît substantiellement, mais, comme la consommation est rationnée, l'épargne se gonfle : elle jouera un rôle essentiel dans la relance de l'économie durant l'après-guerre. Le mouvement syndical profite aussi du retour au plein emploi et fait des gains significatifs : le nombre des syndiqués augmente en flèche, leurs conditions de travail s'améliorent et surtout les organisations ouvrières obtiennent une nouvelle législation du travail qui leur est favorable. Pour l'ensemble des Canadiens, la guerre est donc synonyme de prospérité.

3. **De nouvelles orientations.** – À bien des égards, la guerre marque un point tournant dans l'évolution du Canada. Elle est d'abord l'occasion d'un rapprochement militaire et économique avec les États-Unis. C'est le premier pas d'une réorientation qui amène le pays à se détacher de son lien traditionnel avec la Grande-Bretagne pour s'intégrer dans l'orbite américaine.

La guerre amène aussi la conversion du gouvernement libéral aux principes du keynésianisme. Craignant une récession à la fin du conflit et éperonné par la popularité croissante du Parti CCF, socialiste, il jette les bases de l'État-providence. À l'assurance chômage instituée au début de la guerre, il ajoute en 1945 un programme d'allocations familiales, qui doit contribuer à la relance de la consommation, et crée une société d'État chargée de financer la construction résidentielle.

La guerre, enfin, fournit au gouvernement fédéral l'occasion d'amorcer le processus de centralisation proposé par la commission Rowell-Sirois. Le dirigisme qu'il instaure pendant le conflit lui permet de mettre en place une puissante bureaucratie et de maîtriser les mécanismes du keynésianisme. Le gouvernement fédéral convainc aussi les provinces de lui remettre la gestion des grands impôts directs, notamment de l'impôt sur le revenu, contre une subvention annuelle. Il entend bien, malgré la répartition des pouvoirs prévue par la Constitution, devenir le maître d'œuvre de l'État-providence.

III. – L'après-guerre

1. **Une croissance exceptionnelle.** – La demande des consommateurs, freinée par la crise économique, puis par le rationnement, explose après 1945 grâce aux épargnes accumulées pendant la guerre. Conjuguée aux investissements pour la conversion de l'industrie à la production civile, elle entraîne l'une des plus fortes croissances économiques de l'histoire du Canada qui se poursuit jusqu'en 1957, alimentée en outre par la guerre de Corée et par la mise en chantier de plusieurs grands projets d'exploitation et de transport des ressources naturelles. Le marché de l'emploi est très vigoureux, le taux de chômage reste bas et le pouvoir d'achat des travailleurs s'améliore de façon sensible.

L'expansion économique est aussi alimentée par une remarquable croissance démographique. Le taux de natalité, qui baissait régulièrement depuis la fin du XIXe siècle, inverse sa tendance : c'est le *baby-boom,* phénomène qui touche plusieurs pays industrialisés, mais qui est encore plus marqué au Canada. Parallèlement, on assiste à une reprise de l'immigration. On accueille d'abord des réfugiés européens et des Britanniques venant combler des pénuries de main-d'œuvre. Puis, au début des années 1950, le Canada ouvre plus largement ses portes et reçoit un grand nombre d'Allemands, d'Italiens, de Grecs et d'Européens de l'Est : au total, 2 millions d'immigrants entre 1946 et 1960. Pendant la même période, la population du pays passe de 12,3 à 17,9 millions d'habitants. Une petite partie de cette hausse est attribuable à l'addition de Terre-Neuve (415 000 habitants en 1961) qui, après avoir longtemps été une colonie britannique distincte, se joint à la Confédération en 1949 pour devenir la dixième province du pays.

Dans l'après-guerre, les Canadiens jouissent d'un niveau de vie parmi les plus élevés du monde. Les bénéfices de la prospérité ne sont toutefois pas répartis également, et certains groupes, notamment les agriculteurs et les pêcheurs, en profitent moins que les autres. Les centres urbains forment les pôles de croissance les plus dynamiques, de sorte qu'une dernière et vive poussée d'exode rural se manifeste ; en 1961, il n'y a plus que 10 % de la main-d'œuvre dans l'agriculture. Le poids de la population urbaine grimpe de 56 % à 70 % entre 1941 et 1961. Si on assiste à la création de nombreuses villes dans les régions d'exploitation des ressources naturelles, le phénomène dominant est la croissance rapide des grandes agglomérations dans lesquelles la couronne de la banlieue, parsemée de résidences unifamiliales du type *bungalow* américain, ne cesse de s'étendre. Montréal dépasse les 2 millions d'habitants en 1961 ; elle perd toutefois son titre de principal centre métropolitain du pays au profit de Toronto.

La prospérité modifie les modes de vie et les pratiques de consommation, qui s'inspirent de plus en plus du modèle américain. L'acquisition d'automobiles et d'appareils ménagers électriques, la multiplication des centres commerciaux, la pénétration foudroyante de la télévision, qui en l'espace de huit ans rejoint près de 90 % des foyers, en sont autant d'indices. Grâce au cinéma, à la télévision, au livre et à la musique, la culture canadienne s'américanise à une vitesse foudroyante, même au Québec où, en dépit de la barrière de la langue, on traduit et adapte les productions des États-Unis. Cela amène d'ailleurs le gouvernement fédéral à lancer une grande enquête sur les arts et les lettres en 1950, puis à élaborer des stratégies afin de protéger l'originalité de la création canadienne, notamment en subventionnant les artistes et en renforçant le réseau public de radio et de télévision.

2. **Politique canadienne et centralisation.** – En 1948, Louis Saint-Laurent succède à William Lyon Mackenzie King et devient le deuxième Canadien français à remplir la fonction de Premier ministre fédéral. Il réussit à maintenir le Parti libéral à la direction du pays jusqu'en 1957, alors que le Parti conservateur, dirigé par John G. Diefenbaker, prend le pouvoir et le conservera jusqu'en 1963.

Après la guerre, le gouvernement fédéral amorce une stratégie de canadianisation des institutions qui vise à la fois à rompre les derniers liens symboliques avec la Grande-Bretagne et à marquer une distance par rapport aux États-Unis. Ainsi, en 1949, on crée une citoyenneté canadienne distincte de la britannique et on fait de la Cour suprême du Canada le tribunal de dernière instance. En 1952, un Canadien est nommé pour la première fois gouverneur général ; celui-ci est dans les faits le chef de l'État, même si officiellement ce titre continue d'appartenir à la reine d'Angleterre, maintenant appelée reine du Canada.

Le gouvernement fédéral cherche surtout à conserver le rôle de direction qu'il s'est attribué pendant la guerre. Malgré la réduction de ses engagements après le conflit mondial, il reste le plus important niveau de gouvernement au pays pour ce qui est des dépenses publiques. Grâce aux programmes sociaux qu'il a créés (assurance chômage, allocations familiales et pensions de vieillesse), il oriente la politique de l'État-providence. Dans le but de maintenir sa gestion centralisée de l'économie, il conserve le contrôle de l'impôt sur le revenu qu'il avait obtenu de façon temporaire en 1942 et, en retour, il verse des subventions aux provinces ; celles-ci acceptent ce régime, à l'exception du Québec. Le gouvernement canadien va cependant plus loin en intervenant de plus en plus dans des domaines qui relèvent en principe de la compétence provinciale. Il justifie cette attitude par le « pouvoir de dépenser », c'est-à-dire par son droit d'utiliser comme bon lui semble les revenus qu'il perçoit. Son principal instrument d'intervention est le programme dit à frais partagés, dans lequel il définit seul les objectifs et les paramètres du programme, mais exige que les provinces paient une partie des coûts, habituellement la moitié ; celles qui refusent privent ainsi leurs citoyens des largesses fédérales. Un grand nombre de programmes de ce type, touchant des sujets aussi variés que les subventions aux universités ou la construction d'une route transcanadienne, sont lancés au cours des années 1950. De cette façon, Ottawa accélère le processus de centralisation sans avoir besoin de modifier la Constitution.

Le Québec, alors gouverné par l'Union nationale de Maurice Duplessis, résiste énergiquement à cette stratégie au nom de l'autonomie provinciale. Il dénonce la dépendance croissante dans laquelle la politique fédérale place les provinces et surtout l'intrusion d'Ottawa dans des champs de compétence qui ne sont pas les siens en vertu de la Constitution. En 1954, le gouvernement québécois décide de percevoir son propre impôt sur le revenu, un geste qui provoque beaucoup de remous, mais qu'Ottawa doit reconnaître en accordant un abattement fiscal aux contribuables de cette province. La résistance tenace du Québec oblige donc le gouvernement fédéral à faire des compromis et, à la fin de la décennie, celui-ci ouvre la porte au droit d'une province de se retirer d'un programme à frais partagés en obtenant une compensation financière. Malgré cela, le processus de centralisation fédérale est bien lancé et il sera au cœur des tensions constitutionnelles après 1960.

Chapitre VIII

LE CANADA DEPUIS 1960

La prospérité de l'après-guerre s'amplifie pendant les années 1960 et maintient le Canada parmi les premiers pays du monde quant au niveau de vie. Cette situation enviable cache cependant des difficultés nouvelles, résultat de transformations économiques et sociales profondes qui se manifestent à l'échelle internationale et qui obligeront les Canadiens à réduire leurs aspirations au cours des décennies suivantes. À bien des égards, l'histoire récente du Canada s'apparente à celle des autres pays industrialisés.

I. – Un nouveau contexte économique

Après le ralentissement survenu entre 1957 et 1961, la production nationale du Canada amorce en 1962 une phase de forte croissance qui dure jusqu'en 1973, malgré des freinages en 1967 et 1970. Y contribuent les investissements publics et privés, la construction résidentielle, la consommation ainsi que les exportations aux États-Unis. La situation se détériore après 1973, alors que la croissance est beaucoup plus faible et que le chômage et l'inflation augmentent, créant un contexte de stagflation. Bien que la décennie 1980 présente quelques bonnes années, entachées toutefois par le surinvestissement et une vive spéculation, deux récessions, l'une en 1981-1982, l'autre dix ans plus tard, ébranlent sérieusement l'activité économique et provoquent la disparition de nombreuses entreprises ; le taux de chômage dépasse les 10 % à plusieurs reprises. Le problème est aggravé par la crise des finances publiques, les gouvernements accumulant des déficits considérables engendrés notamment par les coûts croissants des services sociaux. Par ailleurs, l'économie canadienne est touchée par des changements structurels profonds au cours de cette trentaine d'années.

1. **L'intégration nord-américaine.** – À partir de l'après-guerre, les relations commerciales avec les États-Unis atteignent une intensité nouvelle qui fait de chacun des deux pays le principal partenaire de l'autre. Ainsi, entre les deux tiers et les trois quarts des exportations du Canada vont aux États-Unis et une part semblable de ses importations en proviennent. Les Américains s'intéressent aux abondantes ressources naturelles de leur voisin du Nord tandis que ce dernier achète des produits ouvrés. Avec l'intégration croissante, cependant, les industries manufacturières du Canada deviennent elles aussi exportatrices. Les liens se resserrent encore plus avec la mise en vigueur, en 1989, de l'Accord de libre-échange canado-américain, complété trois ans plus tard par l'Accord de libre-échange nord-américain (ALENA) intégrant le Mexique.

Les relations avec les États-Unis ne sont pas toujours harmonieuses, et les différends sont nombreux. Le principal problème concerne les investissements étrangers directs au Canada. Les Américains en détiennent une part prépondérante et, au cours des années 1960, ils contrôlent la majorité des actifs des sociétés œuvrant dans les secteurs du pétrole, des mines et de l'industrie manufacturière. La crainte de la domination américaine provoque une réaction nationaliste et amène le gouvernement canadien à adopter, au début des années 1970, des mesures de restriction qui seront abandonnées pendant la décennie suivante. Le nationalisme économique resurgit toutefois vers 1988, lors des débats entourant l'Accord de libre-échange auquel un grand nombre d'intellectuels canadiens-anglais s'opposent vigoureusement.

2. **La restructuration de l'économie.** — La libéralisation des échanges internationaux et la nouvelle division internationale du travail qui s'instaure à partir des années 1960 affectent la structure de l'économie canadienne. Toute l'industrie manufacturière du pays, qui s'était développée depuis le XIXe siècle en fonction du marché intérieur et sous la protection des droits de douane, est remise en question. Dans des secteurs comme le textile, le vêtement et la chaussure, où les coûts de la main-d'œuvre sont déterminants, les effets sont dévastateurs : les importations en provenance des pays du Tiers Monde provoquent la fermeture d'un grand nombre d'usines tandis que des dizaines de milliers de travailleurs peu qualifiés sont réduits au chômage prolongé. Les entreprises canadiennes doivent désormais s'orienter vers les productions à forte valeur ajoutée, reposant sur l'usage des technologies de pointe et le recours à une main-d'œuvre qualifiée, et viser les marchés extérieurs. Le Canada continue par ailleurs à se distinguer des autres pays industrialisés en demeurant un grand exportateur de matières premières.

Un autre phénomène notable de cette période est, comme dans tous les autres pays développés, la part considérable occupée par le secteur tertiaire, qui emploie les deux tiers des Canadiens. La croissance des effectifs est particulièrement notable dans les services publics, résultat du développement de l'État-providence. Le tertiaire repose en grande partie sur le travail féminin. Or le taux de participation des femmes au marché du travail augmente en flèche après 1960 ; vers 1980, elles représentent plus de 40 % de la main-d'œuvre canadienne. Alors que, dans l'après-guerre, on a valorisé la figure et le rôle de la mère au foyer, ce sont maintenant les ménages dont les deux conjoints gagnent un salaire qui forment le groupe dominant. Ce changement a des répercussions sociales considérables et contribue à la hausse du revenu des familles.

3. **L'intervention de l'État.** – Les gouvernements fédéral et provinciaux interviennent désormais dans l'activité économique à un degré inconnu jusque-là et utilisent pour ce faire une panoplie de moyens. Les paiements de transfert effectués dans le cadre des programmes sociaux ont une forte incidence sur la consommation et sur la prestation de services. Depuis l'après-guerre, on utilise abondamment la politique monétaire, gérée par le pouvoir central, et les politiques budgétaires et fiscales pour stimuler ou ralentir certains secteurs, mais la marge de manœuvre des administrations tend à se rétrécir au cours des années 1980 à cause du niveau élevé de la dette publique. Les gouvernements mettent aussi en place un appareil réglementaire très élaboré. On voit en outre se multiplier les mesures d'aide aux entreprises privées, que chaque municipalité et chaque province espère attirer sur son territoire. Par ailleurs, de nombreuses sociétés d'État provinciales ou fédérales, dont certaines sont

issues de l'étatisation d'entreprises privées, sont mises sur pied dans des secteurs très divers, en particulier ceux qui touchent à l'exploitation des ressources naturelles.

Un problème qui retient beaucoup l'attention après 1960 est celui des inégalités régionales. Il n'est pourtant pas nouveau, puisque des régions entières, comme celle de l'Atlantique, ont depuis longtemps un niveau de développement et de revenu inférieur à celui des provinces riches ; d'ailleurs, ces dernières ont elles-mêmes leurs zones de pauvreté. Dans le but d'éliminer ces disparités, le gouvernement fédéral crée en 1969 un ministère de l'Expansion économique régionale. Les résultats sont peu convaincants toutefois et la réduction des écarts de revenus est surtout attribuable aux paiements de transfert versés aux individus et aux gouvernements provinciaux.

Comme ailleurs, les dirigeants politiques et les milieux d'affaires canadiens remettent en question au cours des années 1980 l'intervention étatique qui n'a cessé de prendre de l'ampleur depuis la Seconde Guerre mondiale. Déréglementation et privatisation sont à l'ordre du jour ; elles conduisent à la vente de nombreuses sociétés d'État et à l'instauration d'un climat économique dans lequel les forces du marché sont moins entravées par les contrôles gouvernementaux.

II. – Une société transformée

Le Canada compte 18,2 millions d'habitants en 1961 et 27,3 millions trente ans plus tard. Pendant cette période, la composition et les origines de sa population se transforment nettement. Le *baby-boom* étant terminé, le taux de natalité chute rapidement, de sorte que l'augmentation du nombre de Canadiens dépend proportionnellement moins de l'accroissement naturel que de l'immigration.

1. **Les générations.** – Les cohortes du *baby-boom* arrivent à l'adolescence, puis à l'âge adulte après 1960. Jamais dans l'histoire du pays une génération n'aura eu autant d'impact. Pour elle, on construit en toute hâte des écoles secondaires, des collèges et des campus universitaires, puis des logements pour célibataires et des maisons de banlieue pour jeunes couples. Par la simple force du nombre, elle impose à l'ensemble de la société de nouvelles valeurs qui prétendent faire table rase de l'autorité et de la tradition. Autant la décennie de 1950 a été celle de l'enfance, autant la suivante se déroule sous le signe de la jeunesse, une jeunesse joyeuse qui vit au son de la musique populaire et qui, grâce à la prospérité, peut consommer allégrement. Les premiers arrivés sont les mieux servis et trouvent facilement des emplois dans une économie en expansion ; pour les dernières cohortes du *baby-boom* qui atteignent l'âge adulte durant les années 1970, la situation est plus difficile. La chute de la natalité entraîne toutefois un vieillissement graduel de la population, d'autant plus que, grâce aux progrès de la médecine, un nombre croissant de personnes vivent jusqu'à un âge avancé. Il faut désormais faire une place aux besoins de ce troisième âge en multipliant les résidences pour retraités et les hôpitaux de soins prolongés.

2. **La mosaïque ethnique et le multiculturalisme.** – L'immigration d'après guerre a accentué la diversité ethnique, de sorte que la part des personnes d'origine britannique ou française décline constamment. La po-

pulation du pays est néanmoins à 97 % de souche européenne en 1961. À la suite de changements substantiels à la politique d'immigration, entre 1962 et 1967, les nouveaux venus se recrutent désormais surtout en Asie et, dans une moindre mesure, dans les Caraïbes et en Amérique latine. L'accueil de réfugiés politiques contribue à cet élargissement de l'éventail des pays sources. Il en résulte une diversité accrue de la société canadienne, en particulier dans les agglomérations de Toronto, Montréal et Vancouver où s'établissent la plupart des immigrants.

Ce phénomène provoque une prise de conscience et une remise en question de l'attitude traditionnelle envers les ethnies minoritaires. Les chefs de file de ces groupes critiquent le modèle dominant centré sur les deux « peuples fondateurs », français et britannique, et le principe du biculturalisme. Ils soulignent l'importance de la « mosaïque ethnique » et, sans contester trop ouvertement le bilinguisme officiel, ils demandent que l'on tienne compte de la dimension multiculturelle du Canada. Reconnaissant que la diversité est une caractéristique fondamentale du pays et qu'elle mérite d'être maintenue et encouragée, le gouvernement fédéral adopte en 1971 la politique du multiculturalisme et crée un ministère spécifique qui subventionne un grand nombre de groupes communautaires. Plusieurs gouvernements provinciaux emboîtent le pas et se dotent de politiques et de programmes destinés aux ethnies minoritaires. Même si la discrimination, surtout à l'endroit des « minorités visibles », se manifeste à l'occasion, les mesures gouvernementales favorisent un changement d'attitude dans l'opinion publique ; les médias, qui ont longtemps ignoré cette dimension de la réalité canadienne, célèbrent désormais la diversité.

3. **La société de l'abondance.** – Pendant une vingtaine d'années, les revenus continuent à augmenter plus rapidement que l'inflation. Le nombre de Canadiens se sentant appartenir à la classe moyenne est plus élevé que jamais. La prospérité semble établie à demeure, le crédit se généralise et la société de consommation connaît son heure de gloire. Une proportion croissante de familles habite désormais la banlieue où elles peuvent assez facilement accéder à la propriété résidentielle. À partir de la fin des années 1970, toutefois, l'enrichissement s'amenuise et les taxes de toutes sortes exercent une ponction accrue sur les revenus. Pendant la décennie suivante, les individus maintiennent un niveau de consommation élevé au prix d'un endettement croissant, phénomène avivé par la montée de la spéculation. La crise de 1991-1992 a, sur ce plan, un effet de freinage marqué.

Le contexte de prospérité modifie l'univers des aspirations. L'éducation en particulier devient une valeur de premier plan. Alors qu'auparavant le gros de la population quittait l'école dès la fin du cours primaire, une proportion élevée de la jeunesse termine désormais ses études secondaires, tandis que le nombre des étudiants universitaires croît de façon exponentielle. Il en résulte une hausse notable de la qualification de la main-d'œuvre, ce qui augmente l'accès aux emplois les mieux rémunérés et, par conséquent, à un niveau de vie supérieur. La prospérité engendre aussi un essor culturel sans précédent, aussi bien pour la culture de masse, devenue un produit de consommation parmi d'autres, que pour la culture d'élite. Les auteurs et les artistes ont maintenant un public plus large et deviennent eux-mêmes plus nombreux. La littérature canadienne, tant francophone qu'anglophone, connaît une véritable explosion après 1960, marquée par l'émergence de romanciers et d'essayistes de talent qui font entendre une voix originale. Tous les champs de la culture sont en effervescence et bénéficient du support actif des gouvernements.

Au milieu de l'abondance, la pauvreté persiste néanmoins. Elle frappe en particulier certains groupes : les habitants des régions éloignées et les ouvriers peu qualifiés que la restructuration économique condamne au chômage, mais aussi, et de plus en plus, les jeunes et le nombre croissant de femmes à la tête de familles monoparentales. La pauvreté s'étend au fur et à mesure que s'élève le taux de chômage. Les programmes sociaux contribuent de façon importante à en réduire l'impact, mais ils ont aussi pour effet de maintenir une partie de la population dans un état de dépendance.

4. **L'État-providence.** – La décennie 1960 voit s'achever la mise en place d'un ensemble de programmes sociaux qui complètent le processus de déploiement de l'État-providence en étendant la gamme des services offerts et en restructurant ce qui existe déjà. Le premier volet de cette intervention touche la sécurité du revenu : établissement et extension d'un régime global d'aide sociale touchant toutes les clientèles dans le besoin (1956-1966), amélioration des pensions de vieillesse (1965-1967), création d'un régime de rentes (1965). Le deuxième volet de l'intervention gouvernementale vise le secteur de la santé, désormais perçu comme une responsabilité collective. Le programme d'assurance hospitalisation, lancé en 1957, est complété en 1968 par un régime d'assurance maladie qui couvre la plupart des soins médicaux pour l'ensemble

de la population. À ces mesures s'en ajoutent de nombreuses autres, comme l'accès à la justice ou la protection des consommateurs. À la fin des années 1960, le Canada dispose donc d'un éventail considérable de programmes sociaux, dont plusieurs ont un caractère d'universalité. Vingt ans plus tard, toutefois, la croissance des coûts provoque une remise en question du principe même de l'universalité et une amorce de réduction des services offerts.

III. – Une ère de revendications

L'effervescence qui touche le milieu étudiant canadien à la fin des années 1960 témoigne de l'émergence d'une parole nouvelle qui conteste l'ordre établi. Dans tous les milieux surgissent des groupes d'intérêts qui cherchent à mobiliser l'opinion publique. Les nombreux combats résultent tout autant d'attentes accrues que d'une réaction aux changements économiques et sociaux. Le mécontentement s'exprime aussi par l'appui donné aux tiers partis, notamment au Crédit social et au Nouveau Parti démocratique qui succède à la CCF en 1961, de sorte que les élections fédérales de 1962, 1963, 1965, 1972 et 1979 conduisent à la formation de gouvernements minoritaires.

1. **Les femmes et l'égalité.** – La cause des femmes est l'une de celles qui suscite les plus vifs débats. Leur présence croissante sur le marché du travail et dans les universités contribue à la prise de conscience de la discrimination systématique dont elles sont victimes. Le gouvernement fédéral forme en 1967 une Commission royale d'enquête sur la situation de la femme qui constate l'ampleur du problème et demande une véri-

table égalité entre les hommes et les femmes. À la même époque, de nouveaux groupes féministes apparaissent un peu partout. Les revendications sont nombreuses : autonomie des femmes dans tous les domaines, libéralisation de la contraception et de l'avortement, création de garderies, application du principe « à travail égal, salaire égal », élimination des pratiques discriminatoires et du harcèlement sexuel, accès aux postes de commande, présence accrue sur la scène politique. En 1973, le gouvernement fédéral crée un Conseil consultatif du statut de la femme et la plupart des provinces font de même. De nombreuses lois sont adoptées au fil des ans pour assurer l'égalité des sexes et répondre aux préoccupations des femmes, tandis que la présence de celles-ci dans les parlements et les conseils des ministres s'accroît de façon notable.

2. **Les droits des autochtones.** – En 1986, les autochtones forment environ 1,5 % de la population du pays. Depuis le XIXᵉ siècle, ils vivent sous la tutelle du gouvernement fédéral qui, tout en leur procurant des services d'éducation et de santé, exerce un contrôle sur leur existence et poursuit une politique d'assimilation. Certes, ces interventions ont permis de réduire le taux effarant de mortalité et même de favoriser une reprise de la croissance démographique, mais la vie dans les réserves a peu à offrir aux autochtones et le désœuvrement y conduit à l'alcoolisme ou à la fuite vers les villes. À partir des années 1960, on assiste, au Canada comme aux États-Unis, à un réveil de la fierté amérindienne et à une affirmation des droits et de la spécificité culturelle des premiers habitants du pays. De nouveaux chefs de file prennent la tête de mouvements de revendication et forment de vastes associations, telle l'Assemblée des

114

premières nations. La lutte de ces groupes porte sur trois points principaux. Ils forcent d'abord le gouvernement fédéral à abandonner sa politique d'assimilation et à reconnaître leur caractère distinct, notamment dans la Charte des droits et libertés de 1982. Ils s'attaquent en outre à la question des droits territoriaux auxquels de nombreuses nations, n'ayant jamais signé de traité avec les Blancs, n'ont donc pas renoncé. À cet égard, la signature, en 1975, de la Convention de la baie James entre les gouvernements du Québec et du Canada et les Cris et les Inuits du Nord québécois marque une étape importante. Ailleurs, les revendications territoriales conduisent parfois à des affrontements violents, notamment lors de la crise d'Oka en 1990. La troisième grande bataille concerne l'autonomie gouvernementale. Sur ce plan, les représentants des autochtones font des gains importants lors des discussions constitutionnelles de 1992 : ils sont invités officiellement à la table des négociations et obtiennent la reconnaissance de leur droit à une telle autonomie, bien que celle-ci ne soit pas définie clairement. Mais l'échec de la réforme constitutionnelle, rejetée lors du référendum d'octobre 1992, les oblige à chercher d'autres moyens pour parvenir à leurs fins. Dans les Territoires du Nord-Ouest, où les autochtones forment une part importante de la population, ils participent de façon croissante au processus politique et à l'administration publique. Ils obtiennent même en 1993 que la partie est de ces Territoires, habitée en majorité par des Inuits, en soit détachée pour former le Nunavut. Le poids politique des autochtones s'est donc considérablement renforcé après 1960 et a amené les Canadiens à tenir compte de leurs revendications, même si beaucoup de questions restent encore en suspens.

3. **Le mouvement syndical.** – La composition des organisations syndicales change de façon radicale au cours de ces années. Les effectifs ouvriers diminuent, tandis que les membres provenant du secteur des services deviennent toujours plus nombreux, et qu'émergent de nouveaux dirigeants, souvent plus jeunes et plus instruits que leurs prédécesseurs. Le mouvement syndical fait des gains importants dans les années 1960 et 1970, non seulement sur le plan du nombre de membres, mais aussi sur celui des salaires et des conditions de travail. Un militantisme intense, alimenté par l'émergence de nouveaux mouvements de gauche, provoque la radicalisation de nombreux syndicats. Le nationalisme anti-américain qui gagne du terrain conduit à une remise en question des structures syndicales. En 1960, la majorité des syndiqués canadiens étaient encore affiliés à des « unions internationales » étroitement contrôlées par les dirigeants américains. Après de longues batailles, les membres canadiens réussissent à obtenir une plus grande mesure d'autonomie et certains rompent carrément les liens pour créer des organisations autonomes. La croissance des syndicats du secteur public contribue aussi à ce processus de canadianisation de sorte que, au bout de vingt ans, seule une minorité des syndiqués conserve une affiliation américaine. Pendant cette période d'effervescence, les centrales syndicales deviennent des intervenants de poids dans les débats politiques et sociaux et leurs dirigeants exercent une grande influence sur l'opinion publique. Le climat change cependant dans les années 1980. Préoccupés de conserver les emplois menacés, les syndicats doivent mettre de côté leur militantisme, élaborer une poli-

tique de dialogue et de concessions et devenir des partenaires dans une stratégie de survie des entreprises.

IV. – Le Québec et le fédéralisme canadien

Les transformations qui se produisent au Québec à partir de 1960 produisent une puissante onde de choc qui ébranle la fédération canadienne. Pendant plus de trois décennies, la Constitution et le fédéralisme sont au cœur de débats interminables qui occupent la scène politique et font, par moments, douter de l'avenir du pays.

1. **La Révolution tranquille.** – Dans l'après-guerre, le Québec est dirigé par Maurice Duplessis, chef de l'Union nationale, un conservateur peu enclin à adapter les institutions aux changements sociaux et à la montée de l'État-providence. Par ailleurs, l'Église catholique représente toujours une force considérable ; elle conserve sa mainmise sur les services éducatifs, hospitaliers et charitables, et elle tente de résister à l'intervention étatique. Pendant ce temps, de nouvelles élites francophones piaffent d'impatience et, élaborant des stratégies de rechange, s'opposent aux pouvoirs en place. La mort de Duplessis en 1959 amorce un vent de changement qui se fait surtout sentir avec la victoire électorale du Parti libéral, dirigé par Jean Lesage, en 1960.

On a qualifié de Révolution tranquille la période de réformes accélérées qui touche le Québec à ce moment-là. Le premier objectif du nouveau gouvernement est de moderniser l'État, ses ministères et sa fonction publique, mais aussi les réseaux de l'enseignement,

117

de la santé et des services sociaux. Il en résulte un déclin rapide de l'influence séculaire de l'Église ; non seulement elle perd son emprise sur ces grands réseaux, mais encore elle voit également décroître les effectifs de son clergé et reculer la pratique religieuse de ses fidèles. Un autre objectif de la Révolution tranquille est de modifier un système économique qui fait des Québécois de langue française une majorité dominée sur son propre territoire. Le gouvernement multiplie les initiatives pour assurer la promotion des francophones et de leurs entreprises et pour leur donner un rôle accru dans la direction de l'économie.

Ce courant de modernisation est appuyé par un nouveau et puissant nationalisme qui rompt avec le conservatisme d'antan et qui veut faire du Québec l'État national des Canadiens français (ce dernier vocable cède d'ailleurs la place à celui de Québécois). Présent partout, célébré par les poètes et les chansonniers, ce nationalisme exalte la fierté collective et mobilise une grande partie de la population, en particulier la jeunesse. Il incite à contester la place considérable qu'occupe l'anglais dans la société québécoise et l'attraction qu'il exerce sur les immigrants. Ainsi éclate la bataille linguistique qui amène les gouvernements québécois successifs à adopter des lois pour assurer la prédominance du français à l'école, dans les entreprises et sur la place publique. La force de ce nationalisme soulève évidemment des questions à propos de l'avenir du Québec dans la Confédération. Un courant majoritaire, représenté notamment par le Parti libéral, souhaite une vaste décentralisation qui permettrait au Québec d'obtenir le maximum d'autonomie compatible avec le maintien du lien fédéral. Un second courant, qui gagne en importance, lutte pour l'indépendance politique du Québec ; il s'exprime d'abord dans le Rassemblement pour l'indépendance nationale, puis dans le Parti québécois, fondé en 1968. Ces formations mènent leur combat dans le cadre de la démocratie parlementaire, mais de petits noyaux d'indépendantistes associés au Front de libération du Québec choisissent la violence : bombes dirigées contre les symboles de l'oppression nationale, puis, en 1970, enlèvements qui déclenchent une crise politique grave, la crise d'Octobre.

2. **De nouvelles relations fédérales-provinciales.** – Le gouvernement Lesage continue à défendre avec vigueur l'autonomie provinciale contre le processus de centralisation lancé par le gouvernement fédéral, mais il accepte de négocier avec Ottawa. Ainsi naît un processus de coordination fédérale-provinciale caractérisé par des rencontres fréquentes et régulières des Premiers ministres, des ministres et des fonctionnaires. Au fédéralisme centralisateur et unilatéral succède ce qu'on appelle le fédéralisme coopératif.

En 1964, Ottawa admet qu'une province puisse se retirer de programmes à frais partagés lancés par le gouvernement fédéral et obtenir de celui-ci une compensation financière. Le Québec est la seule province à le faire, affirmant ainsi son caractère particulier dans la fédération canadienne. La pression du Québec est alors tellement forte que les Premiers ministres canadiens, le conservateur John Diefenbaker (1957-1963) et surtout le libéral Lester B. Pearson (1963-1968) se montrent disposés à discuter et à faire des concessions. Le gouvernement Pearson crée même en 1963 une grande commission d'enquête sur le bilinguisme et le biculturalisme dans le but d'examiner les griefs des francophones du pays. L'arrivée au pouvoir du libéral Pierre Elliott Trudeau (1968-1979 ; 1980-1984) provoque un changement d'attitude à Ottawa. Originaire du Québec, Trudeau s'oppose vigoureusement au nationalisme québécois et à son insistance sur les droits collectifs. Promoteur d'un nationalisme canadien et défenseur des droits individuels, il cherche à renforcer le caractère bilingue du Canada et des institutions fédérales, notamment par la Loi des langues officielles (1969). Voulant freiner ce qu'il perçoit comme l'érosion du rôle du gouvernement fédéral, il se montre peu enclin à poursuivre les concessions de son prédécesseur et relance le processus de centralisation. Les affrontements avec le Québec deviennent plus nombreux, alors que l'un et l'autre gouvernement cherche à se gagner l'appui des Québécois francophones et prétend parler en leur nom. Le moindre projet fait l'objet d'une bataille d'images et de chiffres, qui s'intensifie à partir de 1976 quand le Parti québécois, dirigé par René Lévesque, accède au pouvoir. L'enjeu constitutionnel est au cœur des discussions.

3. **Le débat constitutionnel.** – La Constitution du Canada est une loi du Parlement britannique, adoptée en 1867 et amendée à plusieurs reprises par la suite. Les dirigeants politiques voudraient mettre fin à cette anomalie, héritage du colonialisme, et rapatrier la Constitution. Ils se heurtent toutefois à deux obstacles. Les gouvernements fédéral et provinciaux doivent d'abord s'entendre sur la façon d'amender la loi fondamentale du pays : on hésite entre la règle de l'unanimité et celle de la majorité, tandis que le Québec insiste pour obtenir un droit de veto. De plus, le Québec s'oppose à un rapatriement qui ne serait pas

accompagné d'une nouvelle répartition des pouvoirs. Parce qu'il forme une société distincte dans le Canada, il voudrait disposer d'une plus grande marge de manœuvre pour assurer l'épanouissement de la seule collectivité majoritairement francophone en Amérique du Nord. La solution lui paraît résider dans une décentralisation accrue des pouvoirs au sein de la fédération ; mais si les autres provinces n'y sont pas intéressées, il veut y parvenir au moins pour le Québec. Au fil des ans, plusieurs projets, sous des étiquettes différentes, tentent de définir ce que pourrait être le nouveau régime : statut particulier, deux nations, États associés, souveraineté culturelle, fédéralisme asymétrique. Le Parti québécois va plus loin en proposant la souveraineté-association, c'est-à-dire l'indépendance politique du Québec assortie d'une association économique avec le reste du Canada. Toutes ces propositions sont rejetées par le gouvernement Trudeau et par presque tous les intellectuels et dirigeants politiques canadiens-anglais qui affirment l'égalité des provinces et la primauté des droits individuels sur les droits collectifs.

Deux tentatives pour rapatrier la Constitution ont lieu en 1964 et 1971, mais elles échouent chaque fois à cause du refus du gouvernement québécois, éperonné par les mouvements nationalistes. Une fois au pouvoir, le Parti québécois organise en 1980 un référendum sur son projet de souveraineté-association. Le débat référendaire est d'une grande intensité et le « non » l'emporte avec 59,6 % des voix. Devant ce résultat, le Parti québécois n'a d'autre choix que de poursuivre les discussions dans le cadre fédéral. Le Premier ministre Trudeau a l'initiative, mais il doit s'y prendre à deux reprises pour faire accepter son projet de rapatriement. En 1981, le gouvernement fédéral et les neuf provinces anglophones s'entendent sur une réforme constitutionnelle qui, en plus du rapatriement, contient une formule d'amendement ainsi qu'une Charte des droits et libertés. Le Québec s'y oppose, mais on se passe cette fois de son accord et la nouvelle constitution, qui entre en vigueur en 1982, lui est tout simplement imposée.

Un nouveau Premier ministre canadien, Brian Mulroney (1984-1993), chef du Parti conservateur, veut cependant relancer les négociations constitutionnelles. Parallèlement, au Québec, le Parti libéral reprend le pouvoir en 1985, sous la direction de Robert Bourassa, lui aussi désireux de trouver une solution. En 1987, les Premiers ministres du Canada et des provinces concluent l'accord du lac Meech qui reconnaît notamment le caractère distinct du Québec. Les assemblées législatives de deux provinces refusent toutefois de ratifier l'accord, malgré de fortes pressions de dernière minute en 1990.

À la suite de cet échec, on reprend les négociations en essayant de tenir compte aussi des revendications des provinces de l'Ouest et de celles des Amérindiens. Pendant ce temps, la population du pays est consultée par diverses commissions d'enquête ; il en ressort clairement que les Canadiens n'ont pas de vision commune de l'avenir de leur pays.

Finalement, le gouvernement fédéral, ceux des provinces et les représentants autochtones s'entendent en 1992 sur un projet de réforme constitutionnelle assez complexe. Cet accord de Charlottetown, auquel s'opposent les principaux groupes nationalistes québécois et de nombreux anglophones, est soumis à la population au cours de deux référendums simultanés, le

26 octobre 1992 : l'un au Québec, l'autre dans le reste du Canada. Il est rejeté par 55 % de la population et ce refus est majoritaire à la fois au Québec et dans cinq des neuf autres provinces. Ainsi, en trois décennies de débats et de négociations, le Québec n'a pas réussi à obtenir de concessions significatives sur le plan constitutionnel.

Sa population est cependant divisée sur la solution à adopter : rompre les liens ou négocier de nouveau. Les échecs de 1990 et de 1992 accroissent la popularité de l'idée de souveraineté au Québec. En 1993, un nouveau parti qui soutient cette idée, le Bloc québécois, fait élire 54 députés indépendantistes au Parlement fédéral, une première dans l'histoire canadienne. L'année suivante, le Parti québécois reprend le pouvoir au Québec. Il organise un référendum sur l'accession du Québec à la souveraineté qui a lieu le 30 octobre 1995. Le résultat est beaucoup plus serré qu'en 1980 : le « non » l'emporte avec seulement 50,6 % des voix et, cette fois, les francophones votent majoritairement « oui ». La question nationale québécoise est donc loin d'être réglée et, plus de deux siècles après la Conquête de 1760, les rapports entre francophones et anglophones représentent toujours l'un des enjeux cruciaux de la vie politique canadienne.

V. – Le tournant d'un nouveau siècle

Sur le plan économique, la dernière décennie du XXᵉ siècle s'amorce dans la morosité. Le chômage est élevé et les déficits des administrations publiques entraînent des réductions radicales dans le financement des services à la population. Mais voilà qu'à la toute fin du siècle un nouveau virage se produit. Les déficits gouvernementaux sont éliminés. L'expansion américaine entraîne d'abord une forte reprise de l'économie canadienne. La croissance chinoise provoque ensuite une demande pour les ressources naturelles dont le Canada est un grand exportateur. L'arrivée du XXIᵉ siècle est donc synonyme d'une grande prospérité dont les effets sont inégalement répartis, puisque la mondialisation entraîne aussi son lot de fermetures d'entreprises.

Le Premier ministre Jean Chrétien (1993-2003) préside à ce revirement. Farouche adversaire des souverainistes québécois, il tente de déterminer les modalités d'un futur référendum (Loi sur la clarté, 2000). Il se démarque des États-Unis en refusant d'engager son pays dans la guerre en Irak. Le Parti libéral paraît alors invincible, mais le scandale des commandites cause bientôt la chute du gouvernement de Paul Martin (2003-2006). Stephen Harper, chef du Parti conservateur, prend la tête d'un gouvernement minoritaire (2006-) en promettant de réduire l'intervention de l'État et de régler le déséquilibre fiscal entre le gouvernement fédéral et les provinces. En politique étrangère, il se rapproche des positions américaines.

Fort de 30 millions d'habitants en 2001, le Canada aura donc connu un développement remarquable au cours du XXᵉ siècle, malgré les soubresauts qui ont marqué son histoire. Les tensions entre unité et diversité, et entre anglophones et francophones continuent toutefois de caractériser son existence, tout comme la nécessité de composer constamment avec la présence d'un puissant voisin.

BIBLIOGRAPHIE

Atlas historique du Canada, 3 vol., Montréal, Presses de l'Université de Montréal, 1987-1993.

Robert Bothwell, *A Short History of Ontario,* Edmonton, Hurtig, 1986.

Craig Brown (dir.), *Histoire générale du Canada,* Montréal, Boréal, 1988.

J. M. Bumsted, *The Peoples of Canada,* 2 vol., Toronto, Oxford University Press, 1992.

Jean-François Cardin et Claude Couture, avec la collaboration de Gratien Allaire, *Histoire du Canada. Espace et différences,* Québec, Presses de l'Université Laval, 1996.

Ramsay Cook, *Le Canada : étude moderne,* Toronto, Clarke-Irwin, 1988.

Olive Patricia Dickason, *Les premières nations,* Québec, Septentrion, 1996.

John A. Dickenson et Brian Young, *Brève histoire socio-économique du Québec,* Québec, Septentrion, 1992.

Alvin Finkel et Margaret Conrad, *History of the Canadian Peoples,* 2 vol., Toronto, Copp Clark Pitman, 1993.

R. D. Francis, R. Jones et D. B. Smith, *Origins/Destinies,* 2 vol., Toronto, Holt, Rinehart & Winston, 1992.

Gerald Friesen, *The Canadian Prairies : A History,* Toronto, University of Toronto Press, 1984.

Pierre Guillaume, Jean-Michel Lacroix et Pierre Spriet, *Canada et Canadiens,* Bordeaux, Presses Universitaires de Bordeaux, 1985.

Jean Hamelin (dir.), *Histoire du Québec,* Toulouse, Privat, 1976.

Louis-Edmond Hamelin, *Le Canada,* Paris, PUF, 1969.

F. H. Leacy (dir.), *Statistiques historiques du Canada,* Ottawa, Statistique Canada, 1983.

L'encyclopédie du Canada, 3 vol., Montréal, Stanké, 1987.

Paul-André Linteau *et al., Histoire du Québec contemporain,* 2 vol., Montréal, Boréal, 1979-1986.

Jacques Mathieu, *La Nouvelle-France,* Paris-Québec, Belin-Presses de l'Université Laval, 1991.

H. V. Nelles, *Une brève histoire du Canada,* Montréal, Fides, 2005.

Kenneth Norrie et Douglas Owram, *A History of the Canadian Economy,* Toronto, Harcourt Brace Jovanovich, 1991.

Jean-Claude Robert, *Du Canada français au Québec libre,* Paris, Flammarion, 1975.

The Canadian Centenary Series, une histoire du Canada en 19 volumes rédigés par des auteurs différents, Toronto, McClelland & Stewart, 1967-1987.

TABLE DES MATIÈRES

Imprimé en France
par MD Impressions
73, avenue Ronsard, 41100 Vendôme
Mai 2007 — N° 53 632